讓法律專家說給你聽

勞動工作權益案例大剖析

2018-2019 勞基法新制版

黃碧芬 律師 著

序

在民主法治的社會，維持社會和平、和諧的原則就是健全的法律制度。每個領域、每個階層都有不同的法律規範，除了規範各個行為準則，也要解決各種衝突，簡單而言，人類用法律維持家庭組織、社會組織與國家組織，結果就是──法令多如牛毛！

一般而言，我們的行為會依據公知的是非準則，或者生活經驗所形成的規矩，所以只要沒有覺得自己權益受損，或者沒有人跟我們發生爭執，大概就不會發生我該負責還是你該負責的問題，但是一旦有人跟我們發生權益爭執時，誰說了算？父母？老闆？老公？老婆？老大？答案是，法律說了算！

近年來勞運蓬勃發展，不管是論述倡導或行動方案，都有多元的面向，引發的勞資衝突也不少，就法律人的角度而言，一但勞資爭議事件進入法律程序，所依循的是法令制度，而非形而上的理念，因此多年來，一直想要將常見的勞資爭議事件，化為白話法律案例，勞資雙方可藉由白話法律書，了解勞動法令，進而避免發生勞資爭議。

三十多年來擔任律師職務，平日忙於處理案件、開會、演講，以致於想歸想，欠缺付諸實現的動力，所幸我的好同學蔡總經理邀我把實務上的經驗寫成法律書，而且一再容忍我的拖延，終於完成本書。

本書的目標在於普及勞動法令知識，協助勞資雙方在發生爭議時，或可先參考相關法律案例，以了解雙方的論述是否得到法令的支持，減少衝突，因此不討論學說理論，而只由現有法令體制著眼。一項勞資爭議案件可能涉及行政罰、刑事罰、民事責任，基本上行政罰、刑事罰是國家（中央及地方政府）對於雇主課予責任的問題，勞資爭議首重在於民事責任問題，基於勞動契約引發之私權爭執，所以本書的重點是以勞動契約為重心，介紹及解說各種常見的勞資民事案件。

因為是法律普及書，所以本書分為兩個區塊：導讀編、案例編。導讀編就像是勞動法律緒論一樣，簡述勞動法律體系各個法律所規範的內容，案例編就是由案例介紹法律的運用，讀者可以先閱讀導讀編，有一個勞動法體系概念，再來閱讀案例，作為循序漸進的了解，也可以直接閱讀案例，再由相關案例，所涉法令，閱讀導讀編相關法令的介紹。

本書的另一特色，就是將勞資爭執權益之金額，化為計算式，這也是我多年來實務經驗中，發現金額計算方式，也是勞資雙方一大爭議，因此筆者也在案例說明中，詳列計算式，也許算的對，也可減少勞資爭議，甚至於學生也可以作為案例演練之用。

當然有指教，才會有進步，筆者也希望讀者在閱覽此書後，給予批評指教，作為我進步的能量。

寫於 2018.03.08

目次

03 雇主終止勞動契約面面觀
——雇主可以解僱勞工嗎？

04 勞工終止勞動契約面面觀
——勞工辭職的法律效果

05 錢要算清楚
——薪資的問題

錢要算清楚
——加班費怎麼算？

07 錢要算清楚
——遇到職業災害怎麼算？

導讀編

認識我國的勞動法令體系

近來各式各樣勞資爭議層出不窮，不論是罷工、休假、工資搞得大家眼花撩亂，原來職場還有這麼多問題，老實說，除非你不工作，職場占了我們大部分的生命空間，而且大部分在人生的精華期，如果不想人善被人欺，不想不自覺誤當小霸王，職場謀生之道，還真要好好了解一番。所以，在職場行走的必備寶物，就是認識勞動法令。

在職場上，我國已經藉由憲法、法律、行政命令、行政解釋，建構一套完整的勞動法令體系，規範勞資關係、勞動條件、勞動安全、退休保障等事項，各項規定也非常多，本書會以案例的方式介紹常見的勞動權益法令，為了方便讀者對於重要的勞動法令有概括的認識，因此選擇勞資雙方基本上都應該知道的法律做簡單的介紹：

一、勞動基準法

這是勞資雙方的聖經，雇主與適用勞動基準法（以下簡稱勞基法）的勞工（大部分勞工都適用勞基法，只有少部分行業經勞動部公告未適用勞基法，例如：受僱醫師不適用勞基法），所定的勞動條件，不可低於勞基法所規定的條件，否則無效，而且有些違反情況，雇主還會被處罰或涉及刑責。當然勞動條件如優於勞基法所規定，就依據勞雇雙方的契約約定。

勞基法分成十二章，主要內容如下：

(一) 勞動契約：勞動契約可以分為定期性契約和不定期性契約，這也不是雇主可以任意決定的，因為在《勞基法》第 9 條已經規定有繼續性的工作應為不定期契約，只有屬於臨時性、短期性、季節性及特定性工作，才可以訂立定期契約。

(二) 離職後競業禁止的限制：許多事業為了保障營業秘密或者避免

勞工叛逃到敵方陣營與原來的雇主打對台，會在勞動契約或勞動規則訂立競業禁止的規定，要求勞工離職後在一定年限不得從事相同種類的工作，否則有高額的賠償責任，雇主投入高額成本經營事業的商業利益固然要保護，但是勞工的工作權也要保障，沒道理讓勞工簽上賣身契，沒有轉職的自由，為了解決這項多年的爭議，《勞基法》第 9 條之 1 特別規定只有在一定條件下，雇主才可以與勞工約定離職後競業禁止，而且離職後競業禁止期間不可以超過 2 年。

簡單說合理的競業禁止規定，必須符合下列條件：

1、雇主有應受保護的正當營業利益。

2、勞工擔任的職位或職務，能接觸或使用雇主之營業秘密。

3、競業禁止的期間、區域、職業活動之範圍及就業對象，沒有逾越合理範疇。

4、雇主對勞工因不從事競業行為所受損失有合理補償，這個合理補償，不包括勞工於工作期間所受領的給付。

(三) 調動五大原則：為了避免雇主故意以調職惡整勞工，法院實務曾經以判決建立調動五大原則，現在《勞基法》第 10 條之 1 明文規定雇主調動勞工工作，應受五大原則限制：

1、基於企業經營上所必須，且不得有不當動機及目的。但法律另有規定者，從其規定。

2、對勞工的工資及其他勞動條件，沒有作不利的變更。

3、調動後工作為勞工體能及技術可勝任。

4、調動工作地點過遠，雇主應提供必要的協助。

5、考量勞工及其家庭的生活利益。

(四) 約定最低服務年限的限制：為了避免雇主與勞工簽定最低服務年限的勞動契約，形同勞工放棄轉職權利，《勞基法》第 15

條之 1 明文規定雇主須有下列情形之一，才可以和勞工約定最低服務年限：

1、雇主為勞工進行專業技術培訓，並提供該項培訓費用者。

2、雇主為使勞工遵守最低服務年限之約定，提供其合理補償者。

關於最低服務年限，到底期間多長才合理？勞基法沒有明文規定多久，但是列出判斷標準：

1、雇主為勞工進行專業技術培訓之期間及成本。

2、從事相同或類似職務的勞工，其人力替補可能性。

3、雇主提供勞工補償的額度及範圍。

4、其他影響最低服務年限合理性之事項。

** 雇主約定的最低服務年限，如果違反《勞基法》第 15 條之 1 規定，其約定無效。

** 勞動契約因不可歸責於勞工之事由而於最低服務年限屆滿前終止者，勞工不負違反最低服務年限約定或返還訓練費用之責任。

(五) 勞動契約終止：

1、為了保障勞工不會被雇主任意 fire 掉，《勞基法》第 11 條、第 16 條、第 17 條規定，除非有《勞基法》第 11 條規定的情形，雇主才可以預告勞工終止勞動契約，但須支付勞工資遣費。

以下情形，就是雇主可以預告勞工終止勞動契約：

(1) 雇主歇業或轉讓時：雇主都要棄職逃之夭夭了，當然不可能再繼續綁住勞工，自然要終止勞動契約嘍。

(2) 雇主虧損或業務緊縮時：雇主營業規模減少，活不下去了，許可雇主可以瘦身，減少僱用勞工。

(3) 遭受不可抗力，暫停工作在一個月以上時：雇主遭受到天災人禍，只要不是雇主故意過失所引起的，因而使營業暫停工作在一個月以上時，允許雇主可以解僱勞工。

(4) 雇主的業務性質變更，有減少勞工的必要，可是沒有適當的工作可以安置勞工時：雇主經營的業務有改變，原來提供的工作已經沒有了，雇主需將原來所任用的勞工安排調到其他職缺工作，可是沒有適當的工作可以安置時，允許雇主可以解僱勞工。

(5) 勞工對於所擔任的工作確實不能勝任時：勞工工作能力不符需求，經雇主教導都無法改善的時候，雇主可以解僱勞工。

**** 以上情形雇主雖可對勞工 say：「莎喲娜娜」，但是要給勞工資遣費**

2、禁止雇主終止勞動契約及例外規定：依據《勞基法》第 13 條規定，勞工請產假或因遭受職業災害療養中，雇主不得終止勞動契約，但是雇主如果因為遭受天災、事變或其他不可抗力導致事業不繼續時，在報經主管機關核定後，雇主對於請產假勞工或正因遭受職業災害療養中的勞工終止勞動契約，而雇主終止勞動契約也須依《勞基法》第 16 條、第 17 條規定給予勞工預告期間（或所謂預告工資）及資遣費。

3、對於問題勞工，《勞基法》第 12 條、第 18 條規定，雇主可以不須預告終止勞動契約，而且不須給付勞工資遣費。

以下情形，就是雇主可以不須預告勞工，也不須給付資遣費而終止勞動契約：

(1) 勞工於訂立勞動契約時為虛偽意思表示，使雇主誤信而有受損害之虞者。

(2) 對於雇主、雇主家屬、雇主代理人或其他共同工作之勞工，實施暴行或有重大侮辱的行為者。

(3) 受有期徒刑以上刑之宣告確定，而未被諭知緩刑或未被准易科罰金者。

(4) 違反勞動契約或工作規則，情節重大者。

(5) 故意損耗機器、工具、原料、產品，或其他雇主所有物品，或故意洩漏雇主技術上、營業上之秘密，致雇主受有損害者。

(6) 無正當理由繼續曠工三日，或一個月內曠工達六日者。

簡單說，雇主對於惡劣的勞工，不必對勞工忍氣吞聲，也可以請他立刻捲鋪蓋走路。不過除了上述 (3) 受有期徒刑以上刑之宣告確定，而未被諭知緩刑或未被准易科罰金之外，雇主在知道可以無條件解僱勞工的事由時，卻超過 30 日沒有行使解僱的權利，雇主就不可以這項事由終止勞動契約。

4、勞工原則上自行離職不得請求資遣費，如果是因為下列情形，依據《勞基法》第 14 條規定，可以不必預告期間離職，同時請求雇主支付資遣費：

(1) 雇主於訂立勞動契約時為虛偽的意思表示，使勞工誤信而有受損害之虞者。

(2) 雇主、雇主家屬、雇主代理人對於勞工，實施暴行或有重大侮辱之行為者。

(3) 契約所訂的工作，對於勞工健康有危害之虞，經通知雇主改善而無效果者。

(4) 雇主、雇主代理人或其他勞工患有惡性傳染病，有傳染

之虞者。

(5) 雇主不依勞動契約給付工作報酬，或對於按件計酬的勞工不供給充分的工作者。

(6) 雇主違反勞動契約或勞工法令，致有損害勞工權益之虞者。

勞工要行使《勞基法》第 14 條的終止勞動契約權利，除了前述 (3)(5) 的情形之外，有要走趕快走的限制：

①勞工主張前述雇主有 (1) 或 (6) 的情形，應自知悉其情形之日起，30 日內終止，超過 30 日就不可再翻舊帳爭執。

②勞工主張前述有 (2) 或 (4) 的情形，雇主已將該實施暴行或有重大侮辱行為的代理人解僱或患有惡性傳染病的人已經接受醫治，勞工不得終止契約，請求資遣費。

(六) 工資：依據《勞基法》第 21 條、《勞基法施行細則》第 10 條規定，勞工因工作所獲得的報酬，包括薪金、獎金、津貼及其他名義之經常性給與，其金額由勞雇雙方議定，但雇主給付的工資不得低於基本工資。

勞動部會視社會發展狀況，依據《基本工資審議辦法》由基本工資審議委員會於每年第三季審議檢討基本工資，如決定調整基本工資時，由勞動部報行政院核定後公告實施。基本工資分為月薪制的每月基本工資與時薪制的每小時基本工資。

最近 5 年來勞動部公告之基本工資如下：

1、103 年 9 月 15 日勞動條 2 字第 1030131880 號公告，修正每小時基本工資為新臺幣 120 元、每月基本工資為新臺幣 20008 元，並自 104 年 7 月 1 日生效。

2、105 年 9 月 19 日勞動條 2 字第 1050132177 號公告，修正每小時基本工資自 105 年 10 月 1 日為新臺幣 126 元，自 106

年 1 月 1 日起修正為新臺幣 133 元，每月基本工資自 106 年 1月 1 日起修正為新臺幣 21009 元。

3、106 年 9 月 6 日勞動條 2 字第 1060131805 號公告，修正「基本工資」每小時為新臺幣 140 元，每月為新臺幣 22000 元，並自 107 年 1 月 1 日生效。

4、107 年 9 月 5 日勞動部勞動條 2 字第 1070131233 號公告，修正「基本工資」每小時為新臺幣 150 元，每月為新臺幣 23100 元，並自 108 年 1 月 1 日生效。

(七) 工作時間：依據《勞基法》第 24 條、第 30 條、第 32 條規定，勞工的工作時間，原則上每日正常工作時間不得超過 8 小時，每週不得超過 40 小時。雇主有使勞工在正常工作時間以外加班必要的時候，雇主延長勞工之工作時間連同正常工作時間，一日不得超過 12 小時。延長工作時間，一個月不得超過 46 小時。

(八) 正常工作日加班費：依據《勞基法》第 24 條規定，加班費的計算方式如下：

1、延長工作時間在 2 小時以內者，按平日每小時工資額加給 1/3 以上。

2、再延長工作時間在 2 小時以內者，按平日每小時工資額加給 2/3 以上。

3、因天災、事變或突發事件，雇主必須使勞工加班的話，延長工作時間，按平日每小時工資額，加倍發給。

(九) 105 年 12 月 21 日修正公佈涉及工資工時相關規定如下：

本次修正主要是因應 104 年 6 月 3 日修正公布第 30 條，自 105 年 1 月 1 日起，適用勞基法之勞工每週工時 40 小時，勞工與公務人員均為週休二日，原本勞動部擬於施行細則刪除

7 天假，以便與公務人員、教育人員全國休假一致，惟因各項衝突、協議，最後仍與工資工時掛勾，增修條文內容主要如下（如果只是文字上的修正，就不做說明）：

1、自 105 年 12 月 21 日起適用下列規定：

(1) 雇主工資說明義務及資料保存義務

《勞基法》第 23 條規定，雇主除應支付薪資給勞工之外，勞工的工資如何計算，雇主應提供工資各項目計算方式明細，依據立法理由，包含平日每小時工資額、延長工作時間時數的金額、休假、特別休假及其他假別的金額及其計算，及其他法律規定之項目（包含：勞工保險費、全民健康保險費、職工福利金等）。因此《勞基法施行細則》第 14 條之 1 規定，雇主應提供勞雇雙方議定的工資總額、工資各項目的給付金額、依法令規定或勞雇雙方約定，得扣除項目的金額、實際發給的金額。

雇主應置備勞工工資清冊，將發放工資、工資各項目計算方式明細、工資總額等事項記入。工資清冊應保存五年。

(2) 週休二日之假別

週休二日之後，依據《勞基法》第 36 條第 1 項規定，1 日為休息日，1 日為例假日（俗稱一例一休），差別為例假日仍維持放假，除了天災、事變或突發事故之外，勞工仍不得加班;休息日經勞資協議，勞工可以加班。

(3) 休息日加班之工時工資

依據《勞基法》第 24 條第 2 項、第 3 項規定休息日加班之工時工資計算標準：

①勞工於休息日加班時，工作時間在二小時以內者，其工資按平日每小時工資額另再加給一又三分之一以上；工作二小時後再繼續工作者，按平日每小時工資額另再加給一又三分之二以上。

②勞工於休息日加班時，四小時以內者，以四小時計；超過四小時至八小時以內者，以八小時計；超過八小時至十二小時以內者，以十二小時計。也就是勞工於休息日加班時，即使工作 1 小時，也以 4 小時計算，若工作 5 小時就要以 8 小時計算。

③依據《勞基法》第 36 條第 3 項前段規定，勞工在休息日加班的工時與正常工作時間的加班工時，合併計算每月加班時數。

④依據《勞基法》第 36 條第 3 項但書規定，勞工因天災事變或特殊事故於休息日加班時，工作時數不受第 32 條第 2 項規定的限制，也就是不受每日延長工時與每月延長工時總時數限制。

(4) 彈性工時排班因一例一休制度的調整

依據《勞基法》第 36 條第 2 項規定，彈性工時勞工的排班，需符合下列限制：

①二週彈性工時的勞工排班時，勞工每七日中至少應有一日為例假，每二週內之例假及休息日至少應有四日。

②四週彈性工時的勞工排班時，每二週內至少應有二日的例假，每四週內的例假及休息日至少應有八日。

③八週彈性工時的勞工排班時，每七日中至少應有一日的例假，每八週內的例假及休息日至少應有十六日。

2、自106年1月1日起適用下列規定：

(1)《勞基法》第37條規定，勞工可以放假的國定假日、中央內政主管機關所定應放假之紀念日及節日與公教人員一致，並維持對勞工具有特殊意義之勞動節放假規定。

(2)特別休假：依《勞基法》第38條增修規定，勞工在同一雇主或事業單位，繼續工作滿一定期間者，每年應給予特別休假：

①六個月以上一年未滿者—3日

②一年以上二年未滿者—7日。

③二年以上三年未滿者—10日。

④三年以上五年未滿者—每年14日。

⑤五年以上十年未滿者—每年15日。

⑥十年以上者，每一年加給一日，加至30日為止。

勞工之特別休假，因年度終結或契約終止而未休的日數，雇主應發給工資，以往如非雇主之原因，造成勞工無法休足特別休假，雇主不必支付不休假工資，此次明文規定，只要勞工的特別休假未休足，未休足的假日，雇主須支付不休假工資給勞工。

依據《勞基法施行細則》第24條規定（106年6月16日修正），勞工得於勞資雙方協商之下列期間內，行使特別休假權利：

①以勞工受僱當日起算，每一週年之期間。但其工作六個月以上一年未滿者，為取得特別休假權利後六個月之期間。

②每年1月1日至12月31日之期間。

③教育單位之學年度、事業單位之會計年度或勞資雙方約定年度之期間。

3、授權行政院公布施行日期

採輪班制的勞工，在更換班次時，至少應有連續十一小時的休息時間（本項規定於 107 年 1 月 31 日公佈修正，所以本項規定自 105 年 12 月 21 日增修公佈後，從未施行過）。

(十) 107 年 1 月 31 日修正公佈，107 年 3 月 1 日開始施行，涉及工資工時相關規定如下：

1、休息日加班工時核實計算：

105 年 12 月 21 日公布施行休息日加班做 4 小時以內，不論實際工作 1 小時、2 小時、3 小時、4 小時，都以 4 小時計算，加班超過 4 小時而在 8 小時以內，都以 8 小時計算，只要實際上工作 4 小時以上，但是未滿 8 小時，仍以 8 小時計算，而且還要合併計入每月加班工時，在實際運用上，達到以價制量目的，雇主不願於休息日讓勞工加班，但是亦有勞工經濟上需要加班增加工資，但是無法加班致薪資無法增加的問題。

再者也發生實際上勞工同意於休息日加班，但發生個人因素請假，造成未工作之工時還要計入每月加班之工時中，例如：勞工同意於休息日加班 8 小時，但是勞工工作 1 小時後，即因個人因素請假，依據 105 年 12 月 21 日公布增訂條文，仍須計算勞工已使用 8 小時加班工時，造成加班工時限制每月 46 小時計算上之不合理，結果須由勞動部以行政解釋放寬計算標準，勞工同意在休息日加班，加班之時數，如因勞工個人因素請假，以勞工實際加班之工時核實計算。

因此自 107 年 3 月 1 日施行勞工休息日加班之工時，以實際工作之工時核實計算。惟休息日實際加班工時薪資計算及計入每月加班工時時數限制之中，仍與 105 年 12 月 21 日公布施行的規定相同。

2、放寬加班工時彈性：

因為勞基法適用於各行各業，每月加班工時限制，並非完全適用於各行各業，因此採用工時銀行概念，以 3 個月為限， 在138 小時內（每月 46 加班工時 × 3 個月 = 138 小時），允許 1 個月可以彈性調整為 54 小時。

本次《勞基法》第 32 條第 2 項增訂雇主經工會同意，無工會者經勞資會議同意後，可以採行 3 個月的彈性加班工時。又雇主僱用勞工在 30 人以上，須將勞資雙方同意採用彈性加班工時送交當地勞政主管機關備查。

3、加班換補修彈性規定：

勞工加班，雇主須給加班工資，為《勞基法》第 24 條明文規定，但是實際上，勞資雙方也有約定換補休的情形，只是以前均以行政解釋的方式，承認勞資雙方可以做加班換補休的約定。

本次增修，將既存的行政解釋入法，增訂《勞基法》第 32 條之 1，勞工在平常工作日加班後或休息日加班後，勞工可以主動選擇補修，並且經過雇主同意，以實際加班的時數換補休的時數。補休期限由勞資雙方協商，如果補修期限到了或者勞動契約終止，補修之工時尚未補休完畢，雇主應將尚未補休的平常日加班或休息日加班的加班工資支付給勞工。

勞工在平常工作日加班後或休息日加班後，都有選擇補修的情形，依據增修《勞基法施行細則》第 22 條之 2 第 1 項規定（107 年 2 月 27 日修正），依據加班事實發生先後順序補修，例如：勞工先於正常日加班 2 小時，然後於休息日加班 8 小時，勞工先換補休 1 日，此時為補修正常日加班 2 小時、休息日加班 6 小時，勞工尚餘休息日加班 2 小時需換補休，如果於補休期限屆至，勞工還沒有補修，雇主要補給勞工休息日 2 小時加班工資，而這 2 小時休息日加班應按照休息日加班的第 7、第 8 小時計算加班工資。

勞工加班選擇補休的補休期限，也是有限制，依據增修《勞基法施行細則》第 22 條之 2 第 2 項第 1 款規定（107 年 2 月 27 日修正），比照《勞基法施行細則》第 24 條第 2 項規定，約定補休的末日，採三擇一方式：

(1) 以勞工受僱當日起算，每一週年的末日。

(2) 每年 12 月 31 日。

(3) 教育單位之學年度、事業單位之會計年度或勞雇雙方約定年度之末日。

4、輪班制勞工更換班之時間間隔彈性：

本次修法，原則上仍維持 105 年 12 月 21 日增修規定，勞工更換班次之當日應間隔至少連續 11 小時，然而為了增加各行各業需求或適應特殊狀況的特性，在《勞基法》第 34 條第 2 項增加但書規定，如果因工作特性或特殊原因，經中央目的事業主管機關商請勞動部公告者，得變更勞工更換班次之當日間隔時間不少於連續 8 小時。

《勞基法》第 34 條第 3 項增訂，雇主如需使輪班制勞工更換班次之當日連續休息少於 11 小時的時候，應經工會同意，如事業單位沒有工會的話，需經勞資會議同意後，才可以做彈性變更，而且雇主僱用勞工人數在 30 人以上者，應報當地勞政主管機關備查。

本次修法在一定情形下，輪班制勞工於換班日的間隔，可以連續休息少於 11 小時的勞工，勞動部第一波於 107 年 2 月 27 日公告為下列人員：

(1) 台鐵的乘務人員（機車助理、司機員、機車長、整備員、技術助理、助理工務員、工務員；列車長、車長及站務佐理），但放寬可少於連續休息 11 小時，僅適用於 107 年 3 月1 日至 108 年 12 月 31 日。

(2) 台電、中油、台糖的輪班人員，但放寬可少於連續休息 11 小時，僅適用於 107 年 3 月 1 日至 108 年 12 月 31 日。

(3) 因天災、事變或突發事件處理期間，中油、臺灣省自來水公司之設備管線搶修、原料與產品生產、輸送、配送及供銷人員。

5、二週、八週彈性工時勞工採七休一原則放寬：

二週、八週彈性工時排班時，原則上七天仍需有 1 天例假，不得連續工作超過 6 天，但是在「時間特殊」（例如：配合年節、公務機關活動，協助疏運；辦理重要運動賽事轉播）、「地點特殊」致交通耗時（例如：工作地點在海上、高山、偏遠地區）、「性質特殊」（例如：勞工為因應天候、施工工序或作業期程）、「狀況特殊」（例如：為辦理非經常性活動）可以作彈性調整。

要適用此項例假彈性調整，也不是勞資雙方自行協商即可，按照《勞基法》增訂第 36 條第 4 項、第 5 項規定，必須是勞動部指定的行業，以及中央目的事業主管機關同意，才可以每七日調整例假，而雇主想要增加這項彈性例假安排，應經過工會同意，如果事業單位沒有工會的話，經勞資會議同意後，才可以調整。雇主僱用勞工人數在三十人以上者，應報當地主管機關備查。

本次勞基法修正鬆綁七休一適用行業別，勞動部於 107 年 2 月 27 日公告自 107 年 3 月 1 日起，共計有 12 個行業別，107 年 8 月 6 日則修正公告增加 9 個行業別，在 4 項例外型態下，且經勞資會議或工會同意後，例假日可在 7 天週期中挪移，也就是勞工將有連續出勤 12 天的空間：

(1) 時間特殊型態：在配合年節、紀念日、勞動節日及其他由中央主管機關規定應放假之日，為因應公眾之生活便利所需的條件下，放寬①食品及飲料製造業；②燃料批發業及其他燃料零售業；③石油煉製業。

(2) 地點特殊型態：具特殊性（如海上、高山、隧道或偏遠地區等），其交通相當耗時的條件下，放寬①水電燃氣業；②石油煉製業。

(3) 性質特殊型態：

A、勞工於國外、船艦、航空器、闈場或歲修執行職務的條件下，放寬①製造業；②水電燃氣業；③藥類、化妝品零售業；④旅行業（以上為 107 年 3 月 1 日起放寬）；⑤海運承攬運送業；⑥海洋水運業（以上為 107 年 8 月 6 日起放寬）。

B、勞工於國外執行採訪職務，放寬①新聞出版業；②雜誌（含期刊）出版業；③廣播電視業（以上為 107 年 8 月 6 日起放寬）。

C、為因應天候、施工工序或作業期程的條件下，放寬①石油煉製業；②預拌混凝土製造業；③鋼鐵基本工業（以上為 107 年 3 月 1 日起放寬）。

D、為因應天候、海象或船舶貨運作業的條件下，放寬①水電燃氣業；②石油煉製業；③冷凍食品製造業；④製冰業（以上為 107 年 3 月 1 日起放寬）；⑤海洋水運業；⑥船務代理業；⑦陸上運輸設施經營業之貨櫃集散站經營；⑧水上運輸輔助業（船舶理貨除外）（以上為 107 年 8 月 6 日起放寬）。

(4) 狀況特殊型態：

A、為辦理非經常性的活動或會議的條件下，放寬①製造業；②設計業（以上為 107 年 3 月 1 日起放寬）。

B、為因應動物防疫措施及畜禽產銷調節的條件下，放寬①屠宰業（以上為 107 年 8 月 6 日起放寬）。

6、特休假結算得遞延：

特休假於年度屆滿時未休完，於 105 年 12 月 21 日修法，要求雇主須支付未休的工資，本次修法，如經勞資協商，未修完之假日，得遞延至次年度實施休假，但如果仍未休完特休假，雇主須結算未休日數的工資給勞工。

(十一) 休假日加班工資：依《勞基法》第 37 條、《勞基法施行細則》第 23 條所定之紀念日、勞動節日及其他中央主管機關規定應放假之日，均應休假。雇主如徵得勞工同意於休假日、特別休假日工作的話，工資應加倍發給。

(十二) 童工限制：依《勞基法》第 44 條、第 47 條、第 48 條規定，15 歲以上未滿 18 歲擔任勞工者為童工，童工不得從事危險性或有害性的工作，童工每日工作不得超過 8 小時，每週工作不得超過 40 小時，例假日不得工作，也不得作晚上 8 時至翌日 6 時的工作。

(十三) 母性保護：

1、依《勞基法》第 49 條第 5 項規定，懷孕女工或哺乳期間女工夜間午後 10 時至翌日凌晨 6 時間禁止工作。

2、依《勞基法》第 50 條規定，女性勞工在分娩前後，應停止工作，給予產假 8 星期；妊娠 3 個月以上流產者，應停止工作，給予產假 4 星期。女工受僱工作在 6 個月以上者，產假期間工資照給；未滿 6 個月者減半發給。

3、依《勞基法》第 51 條規定，女性勞工在妊娠期間，如有較為輕易之工作，得申請改調，雇主不得拒絕，並不得減少其工資。

4、依《勞基法》第 52 條規定，有未滿 1 歲子女的女工而須親自哺乳的話，除了每日工作應給予的休息時間之外，雇主應每日另給哺乳時間 2 次，每次以 30 分鐘為準，而哺乳時間視為工作時間，惟本條應調整優先適用《性別工作平等法》第 18 條規定。

(十四) 資遣費：

符合《勞基法》第 11 條、第 13 條、第 14 條規定而終止勞動契約時，雇主須發給勞工資遣費。資遣費的計算方式，因為適用勞退舊制或新制而有所不同：

(1) 在 94 年 7 月 1 日《勞工退休金條例》開始施行前任職同一僱主，且選擇適用勞退舊制的勞工，依據《勞基法》第 17 條規定，在同一雇主的事業單位繼續工作，每滿1年發給相當於 1 個月平均工資的資遣費。如有剩餘月數，以比例計算。

(2) 適用勞工退休金新制的勞工，依據《勞工退休金條例》第 12 條規定，資遣費由雇主按其工作年資，每滿 1 年發給 1/2 個月的平均工資，未滿 1 年的工作年資，以其實際工作日數按月、年比例計算，最高以發給 6 個月平均工資為限。

(3) 雇主支付資遣費給勞工時，勞工在同一雇主任職時間跨越勞退新舊制時間，勞工退休新制施行後，勞工選擇適用新制，雇主在計算支付勞工資遣費時，年資在舊制的部分，依據《勞基法》第 17 條規定計算，年資在新制的部分，依據《勞工退休金條例》第 12 條規定計算。

(十五) 退休：

1、什麼時候可以自請退休？

依據《勞基法》第 53 條規定，勞工符合下列任一條件，就可申請退休：

(1) 工作 15 年以上年滿 55 歲

(2) 工作 25 年以上

(3) 工作 10 年以上年滿 60 歲

2、什麼時候雇主可以強制勞工退休？

依據《勞基法》第 54 規定，勞工符合下列任一條件，雇主可強制勞工退休：

(1) 年滿 65 歲

(2) 心神喪失或身體殘廢不堪勝任工作

3、退休金計算方式

退休金的計算方式，因為適用勞退舊制或新制而有所不同：

1、在 94 年 7 月 1 日勞工退休金條例開始施行前任職同一僱主，且選擇適用勞退舊制的勞工，依據《勞基法》第 55 條規定：

(1) 按勞工工作年資，每滿 1 年給與 2 個月平均工資。但超過 15 年之工作年資，每滿 1 年給與 1 個月平均工資，最高總數以 45 個月平均工資為限。未滿半年者以半年計；滿半年者以 1 年計。

(2) 雇主強制退休之勞工，其心神喪失或身體殘廢係因執行職務所致者，依上述計算方式，加給 20%。

2、適用勞工退休金新制的勞工，依據《勞工退休金條例》第14 條、第 24 條規定，雇主應按月以不低於勞工每月工資 6%，為其提繳退休金，另勞工個人也可以在 6% 的範圍內，自願提繳退休金。勞工年滿 60 歲，就可以向勞保局請領退休金。但依據勞退新制提繳退休金之年資滿 15 年以上的勞工，應請領月退休金；提繳年資未滿 15 年的勞工，則應請領一次退休金。

(十六) 職業災害補償：

勞工因為遭遇職業災害，導致死亡、殘廢、傷害或疾病時，雇主不論有無過失，都應負補償責任，雇主如有過失當然須負損害賠償責任，但是按照《勞基法》第 60 條規定，雇主已經支付的補償責任，可以抵充因同一事故所生的損害賠償。

1、職業災害補償的計算方式如下：

(1) 勞工受傷或罹患職業病（職業病的種類及其醫療範圍，依勞工保險條例有關規定）時，雇主應補償其必

需的醫療費用。

(2) 勞工在醫療中不能工作時，雇主應按其原領工資數額予以補償。但醫療期間屆滿二年仍未能痊癒，經指定之醫院診斷，審定為喪失原有工作能力，但不合勞工保險條例的殘廢給付標準者，雇主得一次給付 40 個月的平均工資後，免除此項工資補償責任。

(3) 勞工經治療終止後，經指定之醫院診斷，審定其身體遺存殘廢者，雇主應按其平均工資及其殘廢程度，一次給予殘廢補償。殘廢補償標準，依勞工保險條例有關之規定。

(4) 勞工遭遇職業傷害或罹患職業病而死亡時，雇主除給與五個月平均工資之喪葬費外，並應一次給與其遺屬四十個月平均工資之死亡補償。

勞工的遺屬受領死亡補償之順位如下，前順位沒有領取人，才由後順位領取：

①配偶及子女。

②父母。

③祖父母。

④孫子女。

⑤兄弟姐妹。

(5) 勞工或其遺屬已經因同一事故，依勞工保險條例或其他法令規定，已由雇主支付費用補償者，雇主得予以抵充之。例如：雇主為勞工投保勞保，勞工或遺屬因職災已經取得相類項目的勞保給付，雇主可以就該同項給付的數額主張抵充。

2、職業災害補償請求的消滅時效與保障規定：

(1) 依《勞基法》第 61 條規定，勞工或其遺屬自得請領職業災害補償之日起，因二年間不行使而消滅。

(2) 勞工原可領取的職業災害補償，不因勞工離職而受影響。

(3) 勞工或其遺屬得請領的職業災害補償權利不得讓與、抵銷、扣押或擔保。

3、承攬人、中間承攬人及最後承攬人的連帶雇主責任：

由於工作場所現況，工作層層轉包的情形普遍，為了保障勞工權益，因此特別規定在層層轉包的勞工發生職業災害，承攬人、中間承攬人及最後承攬人需連帶負補償責任，至於各承攬人間求償權，於支付補償後，以最後承攬人（職災勞工的雇主）內部負最終責任。

4、事業單位的督促義務及連帶補償責任：

依《勞基法》第 63 條規定，事業單位招人承攬工作，工作場所如在事業單位範圍內或由事業單位提供，事業單位應督促承攬人、再承攬人對其所僱用勞工之勞動條件應符合有關法令規定。事業單位違背職業安全衛生法有關對於承攬人、再承攬人應負責任之規定，致承攬人、再承攬人所僱勞工發生職業災害時，事業單位也應與承攬人、再承攬人負連帶補償責任。

(十七) 技術生：

技術生與雇主關係主要以學習為目的，而非勞雇關係，但是技術生仍在工作場所學習，所以勞基法特別做保護規定，另外與技術生類似的養成工、見習生、建教合作班之學生及其他與技術生性質相類之人，都準用技術生規定。

技術生、養成工、見習生、建教合作班之學生的身分，

有相關法令規定，不是雇主與勞工任意約定契約關係。

依據《勞基法》第 69 條規定，勞基法規定的工作時間、休息、休假、童工、女工、災害補償及其他勞工保險等有關規定，於技術生準用之。技術生災害補償所採薪資計算之標準，不得低於基本工資。

(十八) 第 84 條之 1 工作者：依《勞基法》第 84 條之 1 規定，屬於 1、監督、管理人員或責任制專業人員，2、監視性或間歇性之工作，3、其他性質特殊之工作而經勞動部核定公告為適用《勞基法》第 84 條之 1 者，得由勞雇雙方並參考勞動部所發佈之規則，以書面約定工作時間、例假、休假、女性夜間工作，並報當地勞政主管機關核備，不受《勞基法》第 30 條、第 32 條、第 36 條、第 37 條、第 49 條規定的限制。

二、勞工請假規則

名稱雖然是「規則」，本規則是依據《勞基法》第 43 條授權訂立，具有法規性命令的性質，也就是在《勞基法》第 43 條授權範圍內，具有法律的同等效力。

勞工只要符合勞工請假規則的事由，可以向雇主申請婚假、喪假、普通傷病假、公傷病假、事假、公假，請假是否給薪，勞工請假規則也都明文規定。

三、勞工保險條例

(一) 勞工保險分為強制投保及自願投保兩類

1、強制投保部分：依據《勞工保險條例》第 6 條規定，以下為強制投保：

(1) 事業單位屬於僱用勞工 5 人以上的工廠、礦場、鹽場、農場、牧場、林場、茶場、交通、公用事業、公司、行號、新聞、文化、公益及合作事業或漁業生產單位，僱用年滿十五歲以上，六十五歲以下的勞工，雇主應替勞工加保勞工保險。

(2) 政府機關僱有依法不得參加公務人員保險的人員或私立學校僱有無法參加教職員保險之員工，雇主應替年滿十五歲以上，六十五歲以下的勞工加保勞工保險。

(3) 政府登記有案之職業訓練機構應對於接受職業訓練年滿十五歲以上，六十五歲以下的人加保勞工保險。

(4) 無一定雇主或自營作業而參加職業工會者。

(5) 無一定雇主或自營作業而參加漁會的甲類會員。

2、自願投保部分：依據《勞工保險條例》第 8 條規定，以下人員得自願強制投保：

(1) 受僱於非屬強制投保單位的人。

(2) 受僱於僱用未滿五人的工廠、礦場、鹽場、農場、牧場、林場、茶場、交通、公用事業、公司、行號、新聞、文化、公益及合作事業。

(3) 實際從事勞動之雇主。

(4) 參加海員總工會或船長公會為會員的外僱船員。

(二) 保險類別

保險給付分為生育給付、傷病給付、醫療給付、失能給付、老年給付、死亡給付。

四、勞資爭議處理法

勞資發生爭議除了以司法訴訟解決糾紛之外，也有以行政解決糾紛的方式：

(一) 勞資爭議調解：依據《勞資爭議處理法》第 5 條、第 7 條、第 9 條規定：

1、勞資雙方因為基於法律規定、團體協約、勞動契約的規定所生權利義務的爭議，可以申請勞務提供地的主管機關調解。

2、勞資雙方因為勞動條件主張繼續維持或變更發生爭議，可以申請勞務提供地的主管機關調解，但是爭議的勞方必須是工會或特定多數的勞工（未加入工會，而具有相同主張之勞工達十人以上或者受僱於僱用勞工未滿十人之事業單位，其未加入工會之勞工具有相同主張者達三分之二以上）。

(二) 依據《勞資爭議處理法》第 23 條規定，勞資爭議調解成立時，調解書視為爭議雙方的契約，如果爭議的當事人一方為工會，視為當事人間的團體協約。

(三) 勞資爭議仲裁：依據《勞資爭議處理法》第 25 條規定：

1、勞資爭議調解不成立時，雙方當事人得共同向直轄市或縣（市）主管機關申請交付仲裁，例外情形是：

(1) 當事人一方是教師或國防部及其所屬機關（構）、學校的勞工，發生勞動條件主張繼續維持或變更發生爭議，勞資任一方可單獨向直轄市或縣（市）主管機關申請交付仲裁。

(2) 當事人一方是屬於自來水事業、電力及燃氣供應業、醫院、經營銀行間資金移轉帳務清算之金融資訊服務業與證券期貨交易、結算、保管事業及其他辦理支付系統業務事業的勞工，因為勞資雙方不能約定必要服務條款，勞資任一方可單獨向中央管機關申請交付仲裁。

2、勞資爭議當事人雙方也可以書面約定不經調解，直接向直轄市或縣（市）主管機關申請交付仲裁。

3、勞資雙方因為勞動條件主張繼續維持或變更發生爭議經調解不成立時，直轄市或縣（市）主管機關認有影響公眾生活及利益情節重大，或應目的事業主管機關之請求，得依職權交付仲裁，並通知雙方當事人。

4、勞資雙方於仲裁程序達成和解時，依據《勞資爭議處理法》第 36 條規定，和解與依據《勞資爭議處理法》成立的調解，有同一效力。

5、依據《勞資爭議處理法》第 37 條規定，仲裁委員會就權利事項之勞資爭議所作成之仲裁判斷，於當事人間，與法院的確定判決有同一效力；就勞動條件主張繼續維持或變更爭議事項的勞資爭議所作成的仲裁判斷，視為爭議當事人間的契約；當事人一方為工會時，視為當事人間的團體協約。

(四) 不當勞動行為裁決：依據《勞資爭議處理法》第 39 條規定，勞工因《工會法》第 35 條第 2 項規定事項可以申請中央主管機關裁決，《勞資爭議處理法》第 49 條規定，裁決決定經法院核定後與民事確定判決有同一效力。

(五) 爭議行為（罷工）：罷工是勞工的團結權，受法律保障，但是勞工不能說罷工就罷工，它是有一定要件，依據《勞資爭議處理法》第 53 條、第 54 條規定，合法的罷工要件如下：

1、勞資雙方因為調整事項爭議經申請調解不成立，或雇主、雇主團體經中央主管機關裁決認定違反《工會法》第 35 條、《團體協約法》第 6 條第 1 項規定，才具有罷工的條件。

2、罷工需由工會召開會員大會，以無記名方式進行罷工投票，經全體會員過半數的同意，由工會宣告罷工。

** 部分行業尚有罷工權限制：

◆◆禁止罷工

(1) 教師

(2) 國防部及其所屬機關（構）、學校之勞工

◆◆部分行業罷工標的限縮，下列行業僅能以勞資雙方應約定必要服務條款的爭議，才能行使罷工權：

(1) 自來水事業

(2) 電力及燃氣供應業

(3) 醫院

(4) 經營銀行間資金移轉帳務清算之金融資訊服務業與證券期貨交易、結算、保管事業及其他辦理支付系統業務事業

◆◆下列行業不能全面罷工

提供固定通信業務或行動通信業務的第一類電信事業，於能維持基本語音通信服務不中斷之情形下，工會得宣告罷工。

五、勞工退休金條例

《勞工退休金條例》施行後，適用《勞工退休金條例》的勞工與適用《勞基法》退休制度的勞工，不同點在於適用《勞工退休金條例》的勞工，雇主為勞工所提撥的退休金是跟著勞工走，不因勞工轉換雇主而喪失已提撥的退休金，適用《勞基法》退休制度的勞工則必須在退休時與退休時的雇主結算年資計算給付退休金，風險在於雇主倒閉或轉換雇主，在前雇主任職的年資無法併計。

有新舊制問題只存在於 96 年 7 月 1 日之前就任職於同一雇主的人，在 96 年 7 月 1 日以後，受雇於新雇主的人，一率都適用《勞工退休金條例》，勞工只要注意雇主是否如實申報薪資，因為如實申報，退休金提撥才不會短少。

六、性別工作平等法

《性別工作平等法》屬於維護職場平權的法令，本法較特殊的是，只要有受僱關係，不論是民間事業單位或者是公務人員、教育人員及軍職人員都適用本法的基本保障規定。《性別工作平等法》主要內容如下

(一) 禁止性別歧視：

主要規範雇主對於求職者或受僱人不可以因為性別或者性傾向的因素對於求職者或受僱人在求職或受僱階段有差別待遇，詳細內容規定於《性別工作平等法》第 7 條至第 11 條。

(二) 性騷擾之防治：

基於雇主應該維持職場環境的安全，工作場所性騷擾問題一直是職場上的安全問題，本法特別要求雇主應該盡到性騷擾防治的責任，詳細內容規定於《性別工作平等法》第 12 條、第 13 條。

(三) 促進工作平等措施：

項次	名　　稱	內　　容
1.	生理假 第 14 條	女性受僱者因生理日難以工作，每月得請生理假 1 日，全年生理假 3 日不併入病假，其餘併入病假，均給半薪。
2.	產假 第 15 條	1. 順產，產假 8 週，給薪（依勞基法規定）。

		2. 妊娠 3 個月以上流產，產假 4 週，給薪（依勞基法規定）。 3. 妊娠 2 個月以上未滿 3 個月流產，產假 1 週，無薪。 4. 妊娠未滿 2 個月流產，產假 5 日，無薪。
3.	安胎假 第 15 條	受僱者妊娠期間必要得請安胎假，併入病假計。
4.	產檢假 第 15 條	受僱者於妊娠期間，產檢假 5 日，給薪。
5.	陪產假 第 15 條、 施行細則 第 7 條	受僱者於配偶分娩時，陪產假 5 日，於配偶分娩當日之前後 15 日內請完假，給薪。
6.	育嬰留停 第 16 條、 第 22 條	1. 受僱者任職滿 6 個月後，於單一子女滿 3 歲前，得申請育嬰留職停薪，但不得超過 2 年，如同時有 2 名以上未滿 3 歲子女，育嬰留職停薪期間併計。 2. 收養子女之試養期間也可申請育嬰留職停薪。 3. 受僱者仍繼續參加勞健保，雇主免支付負擔額，受僱者自負額得遲延 3 年繳納。 4. 受僱者可申請育嬰津貼。 5. 配偶未就業不得請育嬰留停，但若有正當事由，不在此限。
7.	育嬰假期滿復職 第 17 條	除非雇主有歇業、虧損或業務緊縮、依法變更組織、解散、轉讓、不可抗力暫停工作在 1 個月以上、業務性質變更有減少受僱者必要又無適當工作可供安置之情形，雇主一定要讓受僱者復職，且係復原職。

8.	哺乳期間 第 18 條	1. 受僱者之子女未滿 2 歲，須受僱者親自哺（集）乳者，除休息時間外，每日另給哺（集）乳時間 60 分鐘。 2. 受僱者於每日工作時間以外之延長工時達 1 小時以上，應給予哺（集）乳時間 30 分鐘。 3. 上述哺（集）乳時間視為工作時間。
9.	育兒彈性時間 第 19 條	受僱於 30 人以上雇主的受僱者，為撫養未滿 3 歲子女，得向雇主請求，每天減少 1 小時工作（不支薪）或調整工作時間。
10.	家庭照顧假 第 20 條、 第 22 條	1. 受僱者因家庭成員預防接種、發生嚴重疾病、其他重大事故須親自照顧，得請家庭照顧假，全年 7 日，併入事假計。 2. 配偶若未就業不得請家庭照顧假，但有正當事由，不在此限。
11.	托兒設施或措施 第 23 條	僱用受僱者 100 人以上，雇主應提供 (1) 哺（集）乳室 (2) 托兒設施或措施。

七、就業服務法

為了保障國民就業機會與權利，本法規定保障就業平等以及仲介機構、外國人聘僱管理。

本法對於國民就業的保障，可從第 5 條的規定來看：

(一) 建立平等的就業環境：

為保障國民就業機會平等，雇主對求職人或所僱用員工，除非法律有明文規定，不得以種族、階級、語言、思想、宗教、黨派、籍貫、出生地、性別、性傾向、年齡、婚姻、容貌、五官、身心障礙或以往工會會員身分為由，予以歧視。

(二) 排除危險的就業環境：

雇主藉由招募勞工或僱用勞工時，有些行為介於可能造成勞工遭受詐騙危險，因此在已經發生的不利勞工案例，立法明文禁止雇主招募或僱用有下列情事：

1、為不實的廣告或揭示。

2、違反求職人或員工的意願，留置其國民身分證、工作憑證或其他證明文件，或要求提供非屬就業所需之隱私資料。所謂「隱私資料」，《就業服務法施行細則》第 1 條之 1 明文界定是指：

(1) 生理資訊：基因檢測、藥物測試、醫療測試、HIV 檢測、智力測驗或指紋等。

(2) 心理資訊：心理測驗、誠實測試或測謊等。

(3) 個人生活資訊：信用紀錄、犯罪紀錄、懷孕計畫或背景調查等。

雇主要求求職人或員工提供隱私資料，應尊重當事人的權益，不得逾越基於經濟上需求或維護公共利益等特定目的之必要範圍，並應與目的間具有正當合理之關聯。

3、扣留求職人或員工財物或收取保證金。

4、指派求職人或員工從事違背公共秩序或善良風俗的工作。

5、辦理聘僱外國人之申請許可、招募、引進或管理事項，提供不實資料或健康檢查檢體。

案例編

01

各行各業都適用勞基法嗎？

——不適用勞基法的工作人員

1-1 人壽保險業務員

案例

小華畢業後為了不要朝九晚五，選擇工作時間有彈性的工作，擔任「小富翁人壽保險公司」的業務員。

業務員的薪水來自招募的保單，為了招募保單，小華反而常常 8 點 30 分到公司簽到參加晨會，晨會完畢就開始一整天的拜訪客戶，往往到晚上 10 點才回到家中。

因為是菜鳥，小華招募保單的能力其實不好，每個月領到的服務津貼、業務津貼合計也不過二、三萬元，到了年末，公司推出保單競賽，每個推廣處業績比賽最後 3 名，公司就會終止契約。

不出所料，小華拿到最後 1 名，推廣處處長告訴他下個月終止業務員契約，趕快去找其他工作，小華問可以給他非自願離職證明書嗎？資遣費怎麼算？處長說業務員是承攬職，沒有資遣費，也不會發給非自願性離職證明。

小華於是到法院提起訴訟，向「小富翁人壽保險公司」請求給付資遣費及發給非自願性離職證明書。

解析

法院判決小華敗訴，主要理由如下：

1 僱傭契約與承攬契約是不一樣的：

(1)「僱傭契約」的定義是，依據《民法》第 482 條規定，當事人約定，一方於一定或不定的期限內為他方服勞務，他方給付報酬的契約，以供給勞務本身為目的，除供給勞務外，別無其他目的，提供勞務的人受雇主的指揮監督，具有從屬性，有如機械，對於服勞務之方法毫無自由裁量的餘地。

(2)「承攬契約」的定義是，依據《民法》第 490 條規定，當事人約定，一方為他方完成一定的工作，他方俟工作完成，給付報酬的契約。以一定工作的完成為目的，提供勞務，不過為其手段而已，定作人對於承攬人所提供之勞務並無指揮監督之權，即無從屬性存在。

(3) 判斷勞務契約屬於僱傭關係或承攬關係，應就契約的實質關係，參酌提供勞務是否受有時間、場所的拘束，雇主對於勞務給付方法有無一般指揮監督權限，勞務的提供有無代替性，報酬究係勞務本身或工作成果之對價等因素，做綜合的判斷。

2 人壽保險公司的業務員究竟屬於僱傭職還是承攬職，「大法官第 740 號解釋文」認為應視保險業務員得否自由決定勞務給付的方式（包含工作時間），並自行負擔業務風險（例如按所招攬之保險收受之保險費為基礎計算其報酬）以為斷。如果保險業務員可以自行決定上下班工作時間，收入來源取決於招募的保單保費成數，就屬於承攬職務。

3 小華雖然每天須至公司上班打卡，但是每天上班幾小時，並無約定，下班不需打卡，公司也沒有要求小華每天要做什麼事務，即使小華整天無所事事，也沒有獎懲制度，公司對於小華沒有指揮監督的關係。小華每個月的收入來源取決於其招募保單收到保費的多寡，如果招募的保單後來解約了，小華也要退回收到的服務津貼，在收入的取得來看，是取決於保單有效的完成。小華與「小富翁人壽保險公司」的關係應屬「承攬關係」。

4 小華擔任「小富翁人壽保險公司」的業務員屬於「承攬關係」，適用的法律關係為《民法》承攬編相關法條與雙方所簽訂的契約關係，不適用《勞基法》，因此小華不得依《勞基法》第 17 條、第 19 條規定請求「小富翁人壽保險公司」給付資遣費及發給非自願性離職證明書。

參考法條

法　條	內　容
《民法》第 482 條	稱僱傭者，謂當事人約定，一方於一定或不定之期限內為他方服勞務，他方給付報酬之契約。
《民法》第 490 條第 1 項	稱承攬者，謂當事人約定，一方為他方完成一定之工作，他方俟工作完成，給付報酬之契約。
《勞動基準法》第 17 條第 1 項	雇主依前條終止勞動契約者，應依下列規定發給勞工資遣費…。
《勞動基準法》第 19 條	勞動契約終止時，勞工如請求發給服務證明書，雇主或其代理人不得拒絕。

參考解釋

解釋文號	內　　容
《大法官釋字》第 740 號	保險業務員與其所屬保險公司所簽訂之保險招攬勞務契約，是否為勞動基準法第二條第六款所稱勞動契約，應視勞務債務人（保險業務員）得否自由決定勞務給付之方式（包含工作時間），並自行負擔業務風險（例如按所招攬之保險收受之保險費為基礎計算其報酬）以為斷，不得逕以保險業務員管理規則為認定依據。

1-2 公司總經理

案例

美雲自 90 年起就擔任「美商小富翁公司臺灣分公司」總經理，是臺灣分公司的最高主管，美雲每天超時工作，創下優良業績，但是最近總公司與「新加坡商普普公司」合併，臺灣分公司總經理職務一併撤換，改由「新加坡商普普公司」接手，也就是說美雲失業了。

雖然暫無經濟危機，但美雲實在不甘心自己為公司賣命十幾年，說好聽是女強人，說實在點就是個打工仔，竟然公司賣給別人，就叫她走人，也沒有實質的經濟補償。

美雲曾經向律師諮商，有沒有權利可以對老東家請求賠償，律師說你是總經理，公司大小事都是你決定了，你與公司應該是委任關係，委任關係的權益，就看你與公司的委任契約，如果沒有約定終止契約的補償或賠償，也只能認了。美雲忿忿不平，認為自己雖是總經理，可是公司要任用誰當副理以上職務、員工薪水調整、年終獎金發放都不是總經理可以決定，要經過總公司總經理核准，自己算什麼委任經理人呢？

美雲終究決定上法院一搏，她向法院主張雖然名義上是臺灣分公司總經理，但實際上她都要聽從總公司指示，是受總公司僱傭，應該受《勞基法》保障，既然公司與第三人公司合併改組，終止任用她擔任臺灣分公司總經理，就應該按《勞基法》支付給她資遣費。

解析

法院審理後，判決美雲敗訴，主要理由如下：

1. 所謂「僱傭」，依據《民法》第 482 條規定，是指當事人約定，一方於一定或不定之期限內為他方服勞務，他方給付報酬的契約；所謂「委任」，依據《民法》第 528 條規定，是指當事人約定，一方委託他方處理事務，他方允為處理的契約。

2. 「僱傭」、「委任」看起來都是勞務給付，從《民法》上的定義可知差別在於，僱傭之目的，僅在受僱人單純提供勞務，對於服勞務之方法毫無自由裁量的餘地；委任之目的，在一定事務之處理，受任人給付勞務，僅為手段，除當事人另有約定外，得在委任人所授權限範圍內，自行裁量決定處理一定事務之方法，以完成委任之目的。

3. 美雲擔任臺灣分公司總經理對於任用誰當副理以上職務、員工薪水調整、年終獎金發放，雖須由總公司決定，這是公司治理上對於利益考量之措施，尚不能因此就認為美雲對於公司之勞務給付毫無獨立決定之情形，美雲既然為臺灣分公司最高負責人，仍可運用公司賦予的權限指揮監督公司人員推展業務及決定如何發展營運方向方法，應屬委任經理人，並非聘僱關係之勞工。

4. 美雲與「美商小富翁公司」的職務任用關係，應屬於委任契約，而非僱傭契約，因此不適用《勞基法》，無從依據《勞基法》第 17 條規定，請求公司給付資遣費。

參考法條

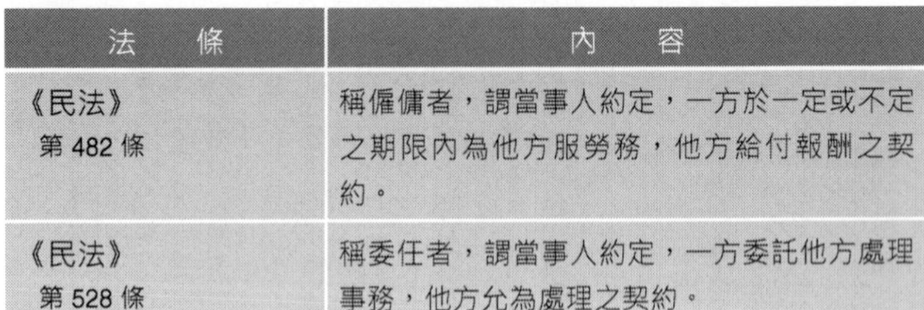

法　　條	內　　容
《民法》第 482 條	稱僱傭者，謂當事人約定，一方於一定或不定之期限內為他方服勞務，他方給付報酬之契約。
《民法》第 528 條	稱委任者，謂當事人約定，一方委託他方處理事務，他方允為處理之契約。

1-3 演藝人員

案例

小美個性活潑喜歡表演，學校還沒畢業的時候，就被星探發掘，與「小星星經紀公司」簽訂「演藝經紀合約」，約定 10 年合約，小美為經紀公司專屬藝人，必須委由「小星星經紀公司」替她安排演藝工作，除了違反善良風俗的工作之外，小美不可以拒絕經紀公司替她安排的工作，演出酬勞每月結算一次撥入小美帳戶，如果小美違約，必須賠償違約金新臺幣五百萬元。

小美對於演藝工作充滿無限想像，學校畢業後，也積極參加經紀公司所安排的演藝訓練課程與演出安排，可是半年以來，平均每月收入只有七、八千元，如果不是住在家裡，根本不知如何維持基本生活開銷。

終於星夢破碎，小美不想當明星了，覺得還是去當上班族比較實在，小美把想法告訴經紀公司，經紀公司卻告訴她，因為經紀約還沒有到期，如果轉行就是違約，必須賠償給公司新臺幣五百萬元。

「難道就要被綁住？可是每個月七、八千元的收入，連 22K 都沒有，怎麼生活？」、「能不能以雇主經紀公司每月支付我的薪水只有七、八千元，連最低基本工資都不夠，也沒幫我保勞健保，終止勞動契約嗎？」小美一再反覆自問。

終究經濟因素是最現實的問題，小美委託律師發存證信函表明因為經紀公司無法洽得充分演出機會，小美也準備改行，即日起終止演藝經紀合約。

經紀公司收到終止函之後，控告小美違約，主張雙方的合約約定，在合約期間 10 年還沒屆滿前，小美不可以任何理由終止契約，小美現在擅自終止契約，是違約的行為，須賠償經紀公司新臺幣五百萬元，而且還要繼續履行演藝經紀合約。

解析

法院判決「小星星經紀公司」敗訴，主要理由如下：

1. 「演藝經紀合約」的內容，是約定演藝人員委託經紀公司代其處理演藝經紀活動事務，由經紀公司為演藝人員的演藝從事經紀、媒介與管理、安排各種推廣宣傳、收取報酬及收益等勞務，應屬類似「委任」性質的勞務給付契約，類推適用《民法》關於「委任」的規定。

2. 雙方的「演藝經紀合約」雖然約定在合約到期前，演藝人員不得解約，但是「演藝經紀合約」既然屬於類似「委任」性質的勞務給付契約，類推適用《民法》第 549 條第 1 項規定，仍得隨時終止契約

3. 終止「演藝經紀合約」為《民法》第 549 條第 1 項規定賦予的權利，不算是違約，且終止契約的時候，小美也沒有任何演出工作，行使終止權的時候，也不是在不利於「小星星經紀公司」的時期終止，所以不必付違約金賠償。

參考法條

法　　條	內　　容
《民法》 第 528 條	稱委任者，謂當事人約定，一方委託他方處理事務，他方允為處理之契約。
《民法》 第 529 條	關於勞務給付之契約，不屬於法律所定其他契約之種類者，適用關於委任之規定。
《民法》 第 549 條	當事人之任何一方，得隨時終止委任契約。 當事人之一方，於不利於他方之時期終止契約者，應負損害賠償責任。但因非可歸責於該當事人之事由，致不得不終止契約者，不在此限。

1-4 家事服務業的工作者

案例

小美受小華僱傭，在小華住處，從事居家打掃、清潔、家用品採買、煮飯、洗衣、照顧幼兒等工作（也就是俗稱幫傭），雙方約定小美每週工作 5 日，月薪新臺幣 4 萬元。

1 年後，小華覺得小美工作態度、方法不符合家中需求，因此解僱小美，並且在向小美說明次日不必再來上班之後，當場結清薪資。

小美認為是小華主動解僱她，不是她自動離職，因此要求小華需再給她資遣費與預告工資，小華拒絕。

小美跑到法院提起訴訟，要求小華依據《勞基法》規定支付資遣費新臺幣 20000 元及預告工資新臺幣 26667 元、應休未休特休假工資新臺幣 13333 元，合計新臺幣 60000 元。

解析

法院判決小美敗訴，主要理由如下：

1 依據《勞基法》第 3 條第 3 項規定，《勞基法》原則上適用一切僱傭關係，但是因為經營型態、管理制度及工作特性等因素適用《勞基法》確有窒礙難行者，得由中央主管機關公告行業或工作者不適用《勞基法》規定。「家事服務業之工作」，業經行政院勞工委員會（現改制為行政院勞動部）公告自民國 88 年 1 月 1

日起不適用《勞基法》（註）。

2 小美受小華僱傭，在小華住處，從事幫傭工作，屬於上述公告排除適用《勞基法》的工作者，小美與小華的勞雇雙方權益應以雙方訂定的僱傭契約與《民法》僱傭相關規定，作為適用依據。

3 小美與小華的僱傭契約只是以口頭約定工作時間、工作內容、薪資數額與支付方式，因此雇主終止僱傭契約，是否必須如同《勞基法》規定支付資遣費、預告工資？工作滿一定期間，是否須給特休假或應休未休特休假工資？應視《民法》僱傭條款有無規定，不適用《勞基法》規定。

4 《民法》第 488 條規定，僱傭契約未定期限，勞雇雙方都可以隨時終止契約，《民法》債編僱傭章節條文為第 482 條至第 489 條規定，均沒有如《勞基法》設有雇主終止契約須給付勞工資遣費、預告終止期間、特休假規定，所以雇主終止家庭幫傭契約，除須支付勞工已工作應取得的薪資之外，不須支付勞工資遣費、預告工資、應休未休特休假工資。

參考法條

法　　條	內　　容
《民法》 第 488 條	僱傭定有期限者，其僱傭關係，於期限屆滿時消滅。 僱傭未定期限，亦不能依勞務之性質或目的定其期限者，各當事人得隨時終止契約。但有利於受僱人之習慣者，從其習慣。

法　條	內　容
《勞基法》第 3 條第 3 項	本法適用於一切勞雇關係。但因經營型態、管理制度及工作特性等因素適用本法確有窒礙難行者，並經中央主管機關指定公告之行業或工作者，不適用之。

參考命令

命令號	內　容
勞委會 (87) 台勞動一字第 059607 號公告	指定適用之下列各業工作者，自八十八年一月一日起不適用勞動基準法…個人服務業中家事服務業之工作者。

註：按照《勞基法》規定，原則上各行各業只要有勞雇關係，均應適用《勞基法》，但是考量因為經營型態、管理制度及工作特殊性等因素，適用《勞基法》有窒礙難行的情況，勞動部可以指定公告的行業或工作者不適用《勞基法》，可是一經公告的行業或工作者不適用《勞基法》，也不是永遠不適用《勞基法》，當窒礙難行的情況消失時，勞動部會另行公告適用《勞基法》。例如：勞委會於 87 年 12 月 31 日台 (87) 勞動一字第 059605 號公告藝文業、其他社會服務業、人民團體不適用《勞基法》，但於 89 年 1 月 7 日台 (89) 勞動一字第 000377 號公告指定藝文業中之公立單位技工、工友、駕駛自 89 年 1 月 7 日起適用《勞基法》，92 年 9 月 23 日勞動一字第 0920053077 號公告政黨僱用之勞工自 92 年 10 月 1 日起適用《勞基法》，99

年 1 月 4 日勞動 1 字第 0980131007 號公告私立藝文業適用《勞基法》，102 年 10 月 16 日勞動 1 字第 1020132159 號公告農民團體（不包括農田水利會）自 104 年 1 月 1 日起適用《勞基法》，103 年 1 月 13 日勞動 1 字第 1030130004 號公告依公寓大廈管理條例成立報備管委會自 103 年 7 月 1 日起適用《勞基法》，未依該條例成立報備者，自 104 年 1 月 1 日起適用《勞基法》，105 年 6 月 30 日勞動 1 字第 1050131340 號公告農田水利會自 107 年 7 月 1 日起適用《勞基法》。

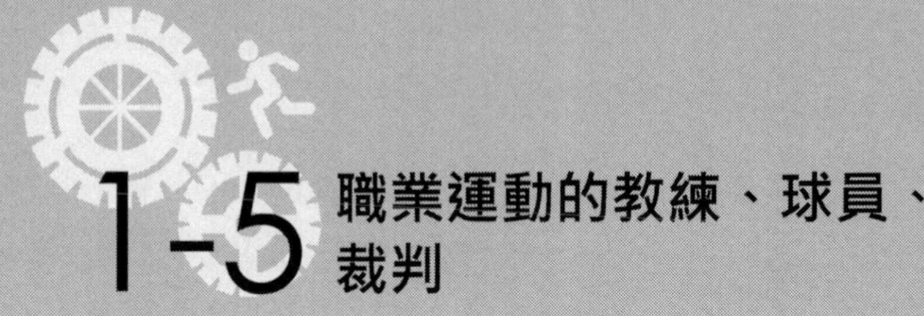

1-5 職業運動的教練、球員、裁判

案例

小美擔任「勝利職籃」的教練，主要工作為訓練儲備球員，「勝利職籃」的經營高層為了維持球隊營運，認為有精簡教練團必要，因此終止小美的教練聘僱契約。

小美認為自己擔任球隊教練工作均盡心盡力，努力不懈，球隊所屬公司沒有理由解僱她，因此自寫訴狀，提起訴訟，主張「勝利職籃」的雇主解僱不合法，確認其與球隊所屬公司的教練聘僱合約仍然存在。

解析

法院判決小美敗訴，主要理由如下：

1. 依據《勞基法》第 3 條第 3 項規定，《勞基法》原則上適用一切僱傭關係，但是因為經營型態、管理制度及工作特性等因素適用《勞基法》確有窒礙難行者，得由中央主管機關公告行業或工作者不適用《勞基法》規定。行政院勞工委員會（現改制為行政院勞動部）87 年 12 月 31 日台勞動一字第 059605 號公告娛樂業中職業運動業之教練、球員、裁判人員不適用《勞基法》。
2. 小美受聘擔任「勝利職籃」之教練，因為不適用《勞基法》，雇主可以隨時終止契約，不受《勞基法》第 11 條、第 12 條規定的終止契約限制，且除非雙方聘僱契約另有約定外，也不須支付資遣費、預告工資、不休假薪資。因此小美無法回復擔任「勝利職籃」教練工作，也無法請求雇主支付資遣費、預告工資、不休假薪資。

參考法條

法　　條	內　　容
《勞基法》 第 3 條 第 3 項	本法適用於一切勞雇關係。但因經營型態、管理制度及工作特性等因素適用本法確有窒礙難行者，並經中央主管機關指定公告之行業或工作者，不適用之。

參考命令

法　　條	內　　容
勞委會 (87) 台勞動一字第 059605 號公告	下列各業及工作者不適用勞動基準法…娛樂業中職業運動業之教練、球員、裁判人員。

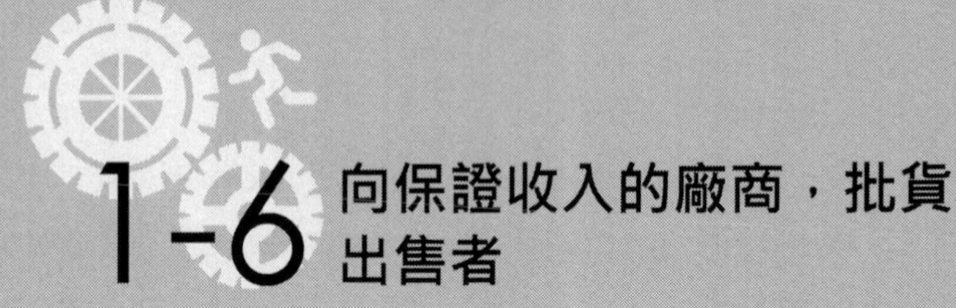

1-6 向保證收入的廠商，批貨出售者

案例

小華在報紙廣告上看到「一人創業、玩美皮件、免租金/免資金、免庫存。限一攤、保底35000」，因此按照廣告所刊登電話，與老闆老陳聯絡，老陳問小華有沒有自備貨車，小華說有，老陳約小華到他賣皮件的攤位觀摩，小華認為可做，老陳告訴他，小華每天可先到他的倉庫補貨，開貨車到老陳承租的市場攤位賣皮件，市場收市後，小華也可以到其他地方賣皮件，每天營業結束後，要把銷貨收入交回給他，並且補貨，每月月底結帳，如果銷貨超過新臺幣 30 萬元，可以抽 20%，如過賣不到新臺幣 30 萬元，也會給獎勵金新臺幣 35000 元，小華須留身分證影本及簽新臺幣 15 萬元本票給老陳做擔保。

小華很努力銷售皮件，除了早上去市場賣皮件之外，還去夜市租攤位販賣皮件，全月都沒有休假，但是只有 1 個月領到新臺幣 6 萬元，其餘 5 個月每個月只領到新臺幣 35000 元，每個月小華還要自己支付油錢、停車費、夜市攤位租金、電費合計約新臺幣 15000 元，小華覺得很划不來，認為自己實際上只是老陳的外場銷售員，因此向老陳要求負擔小華每月所支付的油錢、停車費、夜市攤位租金、電費合計約新臺幣 15000 元，老陳拒絕，認為雙方就是合作關係，老陳是提供一種創業機會，小華不必負擔市場攤位租金、貨品成本、倉庫成本，小華的收入好不好是取決於自己的銷售能力。

小華於是到法院起訴，主張自己受雇於老陳，是老陳的外場銷售員，小華已經工作6個月，老陳每個月都沒有付加班費給他，老陳則表示他與小華只是承攬、合作關係，沒有僱用小華，老陳只有租一個早上市場攤位，小華需批貨到市場攤位出售，其餘時間，小華自行找地方出售皮件，不會去管小華工作狀況，小華只要每天晚上12點前到他倉庫交今天出售的收入及補貨，每個月與小華結算銷售抽成，至少一定會給小華新臺幣35000元，應該是承攬的報酬，不是付薪水給小華。

解析

法院判決小華敗訴，主要理由如下：

1 「僱傭」或者「承攬」契約外觀上都是由債務人提供勞務，但是定義不一樣：

(1)《民法》第482條規定「僱傭」，是指當事人約定，一方於一定或不定之期限內為他方服勞務，他方給付報酬之契約。參酌《勞基法》的勞動契約，指當事人之一方，在從屬於他方的關係下，提供職業上的勞動力，而由他方給付報酬之契約，可知僱傭契約乃當事人以勞務之給付為目的，受僱人於一定期間內，應依照僱用人之指示，從事一定種類之工作，且受僱人提供勞務，具有繼續性及從屬性的關係。僱傭契約是以勞務的給付為目的，即使受僱人供給的勞務不生預期之結果，僱用人仍應給付報酬，且雙方對勞務之請求，除另有同意或約定外，均不得任意讓與第三人或使第三人代服勞務，具有勞務之專屬性，並因而有從屬性之絕對服從關係。

(2)《民法》第490條第1項規定，「承攬」是指當事人約定，一方為他方完成一定之工作，他方俟工作完成，給付報酬的契約。承攬契約的當事人則以勞務所完成的結果為目的，承攬人只須於約定的時間完成一個或數個特定的工作，與定作人間無從屬關係，可同時與多數定作人成立數個不同的承攬契約。承攬則以勞務所完成之結果為目的，須俟工作完成之結果後始給付報酬，除當事人另有特約外，不一定要由承攬人自服勞務，其使用他人，完成工作，亦無不可，而不具有勞務的專屬性，定作人就承攬工作固有一定指示關係，但如其指示不適當，承攬人仍有裁量餘地，並應履行其告知義務，並無絕對服從關係存在。

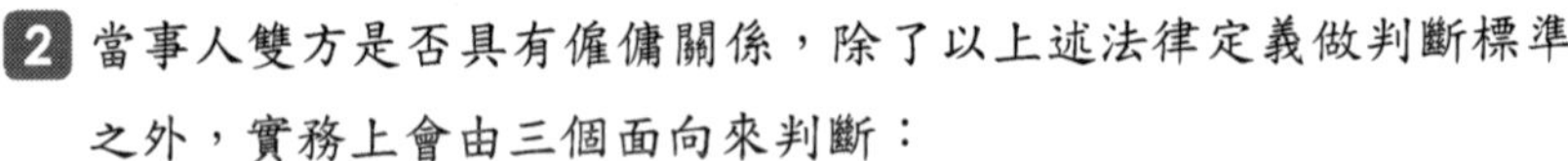

2 當事人雙方是否具有僱傭關係，除了以上述法律定義做判斷標準之外，實務上會由三個面向來判斷：

(1) 人格從屬性：勞務提供人對於自己的工作時間是否可以自由支配？在僱傭契約的情形，勞務提供人在雇主企業組織內，對自己作息時間不能自由支配，勞務給付的具體詳細內容，不是由勞務提供者決定，而是由勞務受領者決定，受僱人需服從雇主權威，並有接受懲戒或制裁的義務。

(2) 經濟上從屬性：勞務提供人是否為雇主從事勞動？在僱傭契約的情形，勞務提供人並非為自己的營業勞動而是從屬於雇主，為雇主的目的而勞動，受僱人不能用指揮性、計劃性或創作性方法對自己所從事工作加以影響。

(3) 組織上從屬性：勞務提供人是否納入雇主之生產組織與經濟結構體系內？在僱傭契約的情形，勞務提供人完全被納入雇主的生產組織與經濟結構體系內，並與同事間居於分工合作狀態。

3 小華是自備貨車，逐日向老陳補貨並且交回所收銷貨收入，小華除了白天至老陳承租的市場攤位出售皮件之外，其餘時間任由小華決定到哪裡出售皮件，老陳也不會管小華怎麼賣貨，也就是小華如果白天沒去老陳承租的攤位賣皮件，老陳也不管，小華與老陳之間欠缺人格上從屬性。老陳與小華之間每月只會就銷貨金額結算，老陳至少會給小華新臺幣 35000 元，雙方約定超過銷售額新臺幣 30 萬元，可以獲得抽成，小華自己可以決定是否額外增加營業時間、營業地點，而為自己增加業績（即能用創作性方法對自己所從事工作加以影響），以創造當月更多的報酬，小華是為自己的營業而勞動，小華與老陳之間欠缺經濟上從屬性。

4 小華就是向老陳批貨出售，與老陳沒有分工合作關係，也沒有與其他向老陳批貨到其他市場出售皮件的人有分工合作關係，小華與老陳之間欠缺組織上從屬性，因此小華與老陳之間不具僱傭關係，小華的請求是無理由的。

參考法條

法條	內容
《民法》 第 482 條	稱僱傭者，謂當事人約定，一方於一定或不定之期限內為他方服勞務，他方給付報酬之契約。
《民法》 第 490 條 第 1 項	稱承攬者，謂當事人約定，一方為他方完成一定之工作，他方俟工作完成，給付報酬之契約。

案例編

02

簽了賣身契嗎？

——勞動契約條款是否約束無止境？

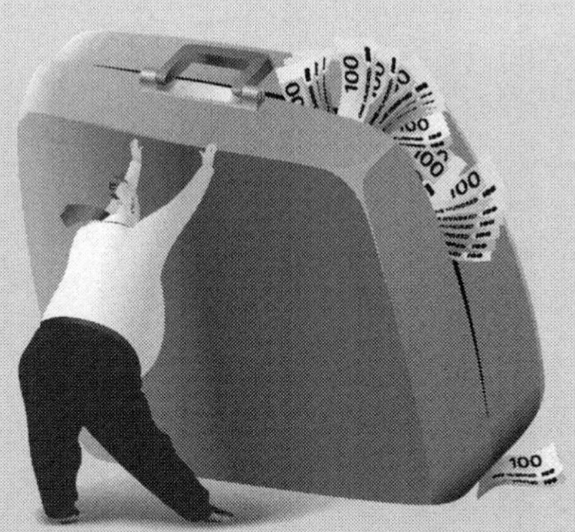

2-1 受僱人違約，保證人有事嗎？

案例

「閃閃公司」僱用小強擔任會計，並且與小強訂立書面契約，還要求小強找保證人，保證他會真誠履約，不會利用職務作不法的事，否則保證人願意負擔損害賠償責任，小強請媽媽阿美擔任保證人。

小強在公司工作滿 10 年，已經升任主任，因為自己投資股票失敗，挪用公司貨款，東窗事發，公司除了起訴，向小強請求損害賠償之外，並且請求阿美依據保證責任負擔損害賠償責任。

阿美問律師：「小強退伍後找到工作，聘僱契約需要保證人，我做母親的，能不幫忙作保嗎？作保這事，經過這麼多年，早忘了。他已經成家立業了，我也老了，小強虧空公款，他又不是未成年人，為什麼還要我負責？」

律師安慰她：「不要難過，小強的問題，小強自己要負責，公司要找你負損害賠償責任，是因為你當初簽了保證契約，不是因為你是小強的母親，不過這個保證契約，性質上是人事保證，自簽約起只有 3 年的保證效力，現在都已經經過 10 年了，已經失效了，應該不用擔心。」

解析

經過法院審理後，法院判決小強敗訴、阿美勝訴，主要理由如下：

1 小強受雇於「閃閃公司」，本應忠誠履行勞動契約，小強卻虧空公司財產，依據勞資雙方所簽契約及《民法》第 184 條侵權行為損害賠償規定，小強應負損害賠償責任。

2 阿美不必負擔損害賠償責任，因為：

(1) 契約約定，保證被保證人在契約當事人的一方工作時，被保證人將來因職務上的行為，應對雇主負損害賠償責任時，由保證人代負損害賠償責任，屬於《民法》第 756 條之 1「人事保證」的契約。

(2) 人事保證契約，契約期間不得逾 3 年，當事人如果約定人事保證契約的期間超過 3 年，縮短為 3 年。

(3) 阿美與「閃閃公司」訂立的保證契約雖未約定存續期間，依據《民法》第 756 條之 3 規定，有效期間 3 年，滿 3 年之後，「閃閃公司」沒有再與阿美重新續訂人事保證契約，該人事保證契約就不能再拘束阿美了。

參考法條

法　條	內　容
《民法》 第 184 條 第 1 項前段	因故意或過失，不法侵害他人之權利者，負損害賠償責任。
《民法》 第 756 條之 1	稱人事保證者，謂當事人約定，一方於他方之受僱人將來因職務上之行為而應對他方為損害賠償時，由其代負賠償責任之契約。 前項契約，應以書面為之。

法　　條	內　　容
《民法》 第 756 條之 3	人事保證約定之期間，不得逾三年。逾三年者，縮短為三年。 前項期間，當事人得更新之。 人事保證未定期間者，自成立之日起有效期間為三年。

給雇主的話

雇主基於公司權益保障，固然可以要求受僱人提供保證人，保證受僱人將來因職務上的行為，造成雇主受損害，在不能受償時，保證人需負責賠償，但是為了避免受僱人為了求得受僱機會，任憑雇主要求過長的人事保證，而願意替受僱人擔任保證人，通常也是受僱人的親朋好友才有可能擔任保證人，造成保證人負擔過重的責任，且影響人際關係的信賴，所以法律規定，人事保證契約最長不得超過 3 年。雇主在人事保證契約期滿，如果仍有必要要求受僱人提供人事保證，必須重新訂立人事保證契約。但是如果受僱人不易找到保證人替其作保怎麼辦呢？似乎也是造成受僱人工作的困擾，雇主最好是尋求責任保險，解決受僱人將來因職務上的行為，造成雇主受損害時的賠償權益。

2-2 勞動契約要求勞工競業禁止，是不是轉職就要負擔違約責任？

案例

小明研究所畢業後受僱擔任「閃閃科技公司」的助理工程師，一到任，公司就要求小明辦理任職手續，包括簽署聘僱契約、確認公司各類規則。小明在任職 8 個月之後，小明又找到薪水更高的工作，因此向「閃閃科技公司」以出國讀書為由，提出辭呈，改至「小星星科技公司」任職。

小明到「小星星科技公司」任職 8 個月之後，收到法院的開庭通知書與「閃閃科技公司」的起訴狀，原來「閃閃科技公司」提出小明原先在「閃閃科技公司」任職時所簽的聘僱契約，其中約定小明離職後 2 年內，不可以去同業公司任職，如果有違反，需支付離職時 6 個月薪資的違約金，小明一看到起訴書的請求，差點昏倒，畢竟這是一大筆數字，而且還要求小明自「小星星科技公司」離職。

開庭時，法院問小明：「離職之後，雇主有給你 2 年內禁止到同業公司的代償金嗎？」，小明說：「雖然沒有，可是公司的人事任用規則有說每個月支付的薪水，有一半是競業禁止的補償金。」，「閃閃科技公司」不爭執公司有這項規定，小明不知道法院為什麼這麼問，也很擔心這個問題的影響。

解析

法院判決「閃閃科技公司」敗訴，主要理由如下：

1 勞工離職後已不受勞動契約的約束，原則上雇主沒有限制勞工選擇職業的自由，但是勞工因為服勞務，可能也因此獲取不少營業秘密，或者獲得雇主支付高額訓練費用，所以衡酌勞雇雙方利益，允許雇主約定勞工競業禁止條款，若雇主認為勞工離職後仍有競業禁止之必要，而該競業禁止的內容又屬合理、適當，本非法所不許，然仍須提供代償措施，以平衡兼顧勞工的權益。

2 依據《勞基法》第 9 條之 1 第 1 項第 4 款、第 3 項規定，雇主與勞工約定離職後競業禁止條款，必須支付勞工因不從事競業行為所受損失的合理補償，否則不得約定離職後競業禁止條款，如果沒有支付合理補償金，這樣的約定是無效的。

3 「閃閃科技公司」雖然在人事規則預先訂明，支付給勞工的薪水一半為離職後競業禁止的補償金，但是依據《勞基法》第 9 條之 1 第 2 項規定，合理補償，不包括勞工於工作期間所受領的給付，所以勞工在職時所領的薪水，不論雇主用各種名義支付，都不算是約定離職後競業禁止的合理補償金。

4 「閃閃科技公司」因為沒有支付離職後競業禁止的補償金，所以約定自始無效，「閃閃科技公司」不能向小明請求離職後競業禁止的違約金，也不能請求小明自「小星星科技公司」離職。

參考法條

法　　條	內　　容
《勞動基準法》第 9 條之 1	未符合下列規定者，雇主不得與勞工為離職後競業禁止之約定：

法　　條	內　　容
	一、雇主有應受保護之正當營業利益。 二、勞工擔任之職位或職務，能接觸或使用雇主之營業秘密。 三、競業禁止之期間、區域、職業活動之範圍及就業對象，未逾合理範疇。 四、雇主對勞工因不從事競業行為所受損失有合理補償。 前項第四款所定合理補償，不包括勞工於工作期間所受領之給付。 違反第一項各款規定之一者，其約定無效。 離職後競業禁止之期間，最長不得逾二年。逾二年者，縮短為二年。

2-3 勞動契約要求勞工競業禁止，雇主要有應受保護的正當營業利益

案例

小明是「明星房屋仲介公司」的不動產經紀營業員，在工作兩年後，小明以另有生涯規劃離職。離職 2 個月後，小明至「金牌房屋仲介公司」，擔任不動產經紀人，6 個月後，小明接到法院通知書與起訴書，「明星房屋仲介公司」要求小明給付新臺幣 50 萬元違約金。

原來，小明在錄取擔任「明星房屋仲介公司」的不動產經紀營業員時，公司曾提出聘僱文件讓小明簽署，這份聘僱契約，內容約定小明必須在公司任職 2 年，離職之後，小明基於感激公司提供教育訓練、客戶應對技能，兩年內不可以在「明星房屋仲介公司」營業區域或鄰近地區從事房屋仲介業，如有違反，需支付新臺幣 50 萬元違約金給「明星房屋仲介公司」。

律師向來諮詢的小明說明，雇主與勞工約定於離職後於 2 年內不可以擔任與原公司相類同的工作，這個約定叫做「競業禁止」，基於保護雇主的營業秘密、特有的商業利益的正當利益，法律許可勞雇雙方以契約約定最多不超過 2 年的「競業禁止」期間。可是所謂基於保護雇主的正當利益，並非雇主單方面的主張，在實務上累積一定的客觀標準，如果不符合這套審查標準，即使前雇主也提供代償措施，但是因為沒有值得保障的正當利益，這項約定也是無效的。小明就以雇主沒有值得保障的正當利益作抗辯。

解析

法院判決「明星房屋仲介公司」敗訴，主要理由如下：

1. 雇主要與勞工約定「競業禁止」條款，必須有受保護的正當利益。例如雇主的固有知識或營業祕密，受僱人在前雇主處擔任的職務及地位，如果是主要營業幹部，非處於較低職務技能，而能知悉雇主的固有知識或營業祕密，雇主與高階營業幹部約定「競業禁止」條款，這是合理必要的措施。勞工如果沒有特別技能、技術，而且職位較低，不是企業的主要營業幹部，處於弱勢的勞工，即使離職後至相同或類似業務的企業任職，也無妨害原雇主營業之可能，雇主仍與低階勞工約定「競業禁止」條款，應認拘束勞工轉業自由，違反公序良俗而無效。

2. 雇主若僅單純避免造成競爭、避免勞工搶走其未來客戶，甚或僅為使勞工較不易離職等理由，均不構成雇主有值得保護的正當利益。

3. 雇主僅為確保其對勞工所投注的職業訓練或教育費用得以回收，原則上皆非值得保護的正當利益。雇主對於勞工的職業訓練或教育費用之投入所帶給雇主在競爭上之優勢及上述成本之回收，已有服務年限相關約款可以確保，自無簽訂離職後競業禁止約款的正當理由。

4. 一般人於從事某一工作相當時日後，當可從中累積有關該職務的知識、技能與經驗，包含該產業概況、主要競爭者、市場分佈、市場上主要產品的狀況、常見的客戶需求、經常發生的爭議問題、有效率的解決方案及未來發展之趨勢等，此乃工作本身對任何有學習能力的個人所應可產生的效果，差異性僅在於個人依其資質、努力程度、職務內容等，獲益程度可能有所不同而已，這種因工作經驗而獲致的成長，並非出於雇主刻意的培訓，雇主亦未支出額外訓練成本，而是勞工個人於工作過程中所點滴累積的成果，除涉及智慧財產權、營業秘密等相關範疇外，尚難認定屬於雇主應受保護的正當利益。

5 小明任職於「明星房屋仲介公司」不動產經紀營業員，只是低階的勞工，所得接觸的不動產交易價格，除了是擔任不動產經紀營業員之前，須經過公會教育訓練課程而具備的基本常識外，在內政部實價登錄系統、售屋廣告均可取得價格資訊，並非雇主特有的商業知識，至於如何與客戶接洽，了解客戶需求，達成交易，這是任何人在擔任房屋仲介職務時，都能基於個人努力累積的經驗，並非雇主可專擅獨有，因此認為「明星房屋仲介公司」對於小明請求違反競業禁止約定的違約金，因為約定無效，自然也不能請求給付違約金。

參考法條

法　　條	內　　容
《民法》 第 72 條	法律行為，有背於公共秩序或善良風俗者，無效。
《勞動基準法》 第 9 條之 1	未符合下列規定者，雇主不得與勞工為離職後競業禁止之約定： 一、雇主有應受保護之正當營業利益。

法　　條	內　　容
	二、勞工擔任之職位或職務，能接觸或使用雇主之營業秘密。 三、競業禁止之期間、區域、職業活動之範圍及就業對象，未逾合理範疇。 四、雇主對勞工因不從事競業行為所受損失有合理補償。 前項第四款所定合理補償，不包括勞工於工作期間所受領之給付。 違反第一項各款規定之一者，其約定無效。 離職後競業禁止之期間，最長不得逾二年。逾二年者，縮短為二年。
《營業秘密法》 第 2 條	本法所稱營業秘密，係指方法、技術、製程、配方、程式、設計或其他可用於生產、銷售或經營之資訊，而符合左列要件者： 一、非一般涉及該類資訊之人所知者。 二、因其秘密性而具有實際或潛在之經濟價值者。 三、所有人已採取合理之保密措施者。

2-4 勞動契約要求勞工競業禁止，代償補償要具合理性

案例

小明擔任「閃閃科技公司」的營運處處長，負責公司業務開發、公司產品研發與客戶需求溝通平台，小明向公司請病假 1 個月，1 個月期滿後，小明沒有回公司上班，公司聯絡小明，小明都不回應，公司覺得事有蹊蹺，因此先依《勞基法》第 12 條第 1 項第 6 款無正當理由繼續曠工 3 日終止勞動契約，並且展開軌跡追索，發現小明已到競爭對手「小星星科技公司」擔任總經理。自然，「閃閃科技公司」對小明展開法律攻勢。

「閃閃科技公司」要求小明不得利用、發表或洩漏其於任職「閃閃科技公司」期間所知悉、接觸或取得而與「閃閃科技公司」關於產品研發、技術、程式、市場分析、銷售、業務、策略發展、組織及人事等有關的營業秘密，並且依據小明任職時所簽的承諾書離開「小星星科技公司」，自「閃閃科技公司」解僱小明之後 2 年內都不可以在與「閃閃科技公司」經營相同或類似營業項目的公司任職或創立公司，小明須賠償違反競業禁止承諾的違約金新臺幣 500 萬元。

解析

法院判決「閃閃科技公司」部分勝訴，部分敗訴，主要理由如下：

1 「閃閃科技公司」提示小明任職期間所接觸各種資訊，法院確認

屬於公司的營業秘密，符合得以競業禁止措施保護。

2 依據《勞基法》第 9 條之 1 第 1 項規定，雇主與勞工約定離職後競業禁止，必須在禁止期間給予勞工合理的補償，否則依據同法條第 3 項規定，競業禁止約定無效。「閃閃科技公司」基於保護營業秘密，本來是可以與小明約定在離職後 2 年內不得在與「閃閃科技公司」營業相同或類似的公司任職，但是「閃閃科技公司」沒有給小明合理的補償金，所以競業禁止約定無效，從而小明仍可任職於「小星星科技公司」，也不需支付違約金新臺幣 500 萬元給「閃閃科技公司」。

3 營業秘密受侵害時，被害人得請求排除之，有侵害之虞者，得請求防止之，《營業秘密法》第 11 條定有明文。排除營業秘密侵害或侵害之虞請求權，性質上類似物上請求權的妨害除去與防止請求，所以客觀上以有侵害事實或侵害之虞為已足，不以行為人主觀要件是否有故意或過失為必要。營業秘密為智慧財產權的一環，為保障營業秘密，維護產業倫理與競爭秩序，調和社會公共利益，所以有保護必要，而營業秘密具相當的獨占性及排他性，且關於其保護並無期間限制，在營業秘密的秘密性喪失前，如受有侵害或侵害之虞，被害人得依《營業秘密法》第 11 條第 1 項規定，請求排除或防止之，這項請求權不需當事人特別約定，就可以依法請求。

4 即使「閃閃科技公司」與小明的競業禁止約定無效，「閃閃科技公司」還是可以主張營業秘密有受侵害之虞，禁止小明利用、發表或洩漏其於任職「閃閃科技公司」期間所知悉、接觸或取得而與「閃閃科技公司」關於產品研發、技術、程式、市場分析、銷售、業務、策略發展、組織及人事等有關的營業秘密。

5 法院同時也提醒勞雇雙方，如果有侵害營業秘密的事實，並非競業禁止的問題，而是《營業秘密法》第 13 條損害賠償與《營業秘密法》第 13 條之 1 刑事責任的問題。

參考法條

法　　條	內　　容
《勞動基準法》 第 9 條之 1	未符合下列規定者，雇主不得與勞工為離職後競業禁止之約定： 一、雇主有應受保護之正當營業利益。 二、勞工擔任之職位或職務，能接觸或使用雇主之營業秘密。 三、競業禁止之期間、區域、職業活動之範圍及就業對象，未逾合理範疇。 四、雇主對勞工因不從事競業行為所受損失有合理補償。 前項第四款所定合理補償，不包括勞工於工作期間所受領之給付。 違反第一項各款規定之一者，其約定無效。 離職後競業禁止之期間，最長不得逾二年。逾二年者，縮短為二年。
《營業秘密法》 第 2 條	本法所稱營業秘密，係指方法、技術、製程、配方、程式、設計或其他可用於生產、銷售或經營之資訊，而符合左列要件者： 一、非一般涉及該類資訊之人所知者。

法　條	內　容
	二、因其秘密性而具有實際或潛在之經濟價值者。 三、所有人已採取合理之保密措施者。
《營業秘密法》 第 11 條 第 1 項	營業秘密受侵害時，被害人得請求排除之，有侵害之虞者，得請求防止之。
《營業秘密法》 第 13 條	依前條請求損害賠償時，被害人得依左列各款規定擇一請求： 一、依民法第二百十六條之規定請求。但被害人不能證明其損害時，得以其使用時依通常情形可得預期之利益，減除被侵害後使用同一營業秘密所得利益之差額，為其所受損害。 二、請求侵害人因侵害行為所得之利益。但侵害人不能證明其成本或必要費用時，以其侵害行為所得之全部收入，為其所得利益。 依前項規定，侵害行為如屬故意，法院得因被害人之請求，依侵害情節，酌定損害額以上之賠償。但不得超過已證明損害額之三倍。
《營業秘密法》 第 13 條之 1	意圖為自己或第三人不法之利益，或損害營業秘密所有人之利益，而有下列情形之一，處五年以下有期徒刑或拘役，得併科新臺幣一百萬元以上一千萬元以下罰金： 一、以竊取、侵占、詐術、脅迫、擅自重製或其他不正方法而取得營業秘密，或取得後進而使用、洩漏者。

法　　條	內　　容
	二、知悉或持有營業秘密，未經授權或逾越授權範圍而重製、使用或洩漏該營業秘密者。 三、持有營業秘密，經營業秘密所有人告知應刪除、銷毀後，不為刪除、銷毀或隱匿該營業秘密者。 四、明知他人知悉或持有之營業秘密有前三款所定情形，而取得、使用或洩漏者。 前項之未遂犯罰之。 科罰金時，如犯罪行為人所得之利益超過罰金最多額，得於所得利益之三倍範圍內酌量加重。

2-5 違反競業禁止約定，就要負責

案例

小強擔任「金牌企業公司」的採購部經理，負責向臺灣、大陸地區供應商，進行手機配件產品採購議價，因此得知供應商與「金牌企業公司」的價格資訊，以及「金牌企業公司」出售產品的計價模式，某日小強以身體健康因素向「金牌企業公司」遞出辭呈，堅拒公司慰留，「金牌企業公司」與小強辦理離職交接程序的時候，並要求小強仍繼續使用原先的薪資撥款帳號，原來「金牌企業公司」在小強調升為採購部經理時，曾提供廉潔保證書給小強簽署，約定小強如離職，在離職後 2 年內不得至臺灣、大陸、港澳地區從事與「金牌企業公司」相同或類似的業務，公司並於小強離職 2 年內，將按月提供離職前五成薪資作為補償。

小強離職前薪資每月為新臺幣 8 萬元，「金牌企業公司」在小強離職後，均按月將新臺幣 4 萬元撥入小強薪資帳戶，半年後，「金牌企業公司」發現小強竟然設立「紅牌企業公司」販售手機配件產品，因為小強深知「金牌企業公司」與供應商的議價及銷售價格組合資訊，因而在產品價格上，小強可以採取有利搭配，造成「金牌企業公司」營業減損。

「金牌企業公司」停止撥付小強補償金並且依據小強簽署的廉潔保證書請求小強履行競業禁止規定，同時請求按照違約規定退還已經支付的補償金及支付離職前 6 個月的薪資總額的違約金。

法院審理前曾詢問雙方是否試行調解，小強認為「金牌企業公司」的廠商供應鏈是他擔任業務部經理時，苦心建立出來，各種資訊早就印在腦海，並未刻意使用「金牌企業公司」的營業資訊，不願意試行調解。

解析

法院判決「金牌企業公司」勝訴，主要理由如下：

1. 《勞基法》第 9 條之 1 准許雇主與勞工約定競業禁止條款，必須符合四項要件：

   (1) 雇主有應受保護的正當營業利益：正當營業利益不一定是營業秘密，只要是雇主經過營業活動所建立的資訊，屬於其保有，具有一定層級才能查閱，如果外洩，會影響雇主營業活動等情形，都屬於應受保護的正當營業利益。「金牌企業公司」透過營業活動所建立的供應銷售與廠商價格資訊，是公司評估營運成本收益的重要資訊，也是公司在經營上如何透過市場競爭取得優勢的重要資訊，自應受保護。

   (2) 勞工擔任的職務或職位，能接觸或使用雇主的資訊：雇主值得保護的營業利益，必須是某一階層級得以接觸的資訊，才是屬於雇主獨有而有益於營業的資訊，如果不須設定層級，任何勞工都可以查詢，就沒有保護的必要。小強離職前擔任「金牌企業公司」的採購部經理，可以接觸到公司所建立的產銷成本收益系統，而此資訊是基於他擔任採購部經理，才有權限得知，並非任何一個勞工可以接觸到的資訊。

   (3) 競業禁止的期間、區域、職業活動之範圍及就業對象，沒有逾越合理範疇：「金牌企業公司」約定小強離職後競業禁止的期間 2 年，符合《勞基法》第 9 條之 1 第 4 項的上限，

「金牌企業公司」僅限制小強不得在「金牌企業公司」主要營業場域臺灣、大陸、港澳地區從事與「金牌企業公司」相同或類似的業務，小強尚可在臺灣、大陸、港澳地區從事與「金牌企業公司」不同之業務或者在臺灣、大陸、港澳以外地區從事手機配件相關工作，競業禁止的區域、工作限制，沒有逾越合理範疇。

(4) 雇主對勞工因不從事競業行為所受損失有合理補償：勞工因為受競業禁止限制，雖然勞工可以選擇限制以外的工作，但是在現今工作高度分工之下，勞工須尋找與其專業無關的工作，實屬高度障礙，在平衡利益之下，雇主為了保護營業利益要求勞工約定競業禁止，自須在禁止期間給予勞工合理的補償，以彌補勞工工作權遭受到限制的損失。「金牌企業公司」在禁止期間給予小強每月新臺幣 4 萬元的補償，即使小強在競業禁止期間均未工作，小強在生活上也可以維持合理之生活需求，已經給小強合理的補償。

2 小強雖稱「金牌企業公司」的產銷成本收益資訊是他一手建立起來，無從抹滅記憶，自可合理使用，但是小強擔任「金牌企業公司」勞工時，自需服從「金牌企業公司」的勞務監督，即使產銷成本收益資訊是小強一手建立起來，也是為了「金牌企業公司」而建立資訊，利益均歸屬於「金牌企業公司」，不屬於勞工所有，但是因為勞工有權接觸的情形下，難免會發生無法區分公私領域，所以才會有競業禁止條款出現，以避免利益外洩的糾紛。

3 以上分析結果，「金牌企業公司」與小強約定離職後競業禁止條款，符合《勞基法》第9條之1第1項要件，這項約定是有效的條款，小強必須受競業禁止限制，如果有違反，小強需依照雙方約定的違約責任負擔損害賠償，及退還已領的補償金，而且還是要履行競業禁止約定。

參考法條

法　　條	內　　容
《勞動基準法》 第 9 條之 1	未符合下列規定者，雇主不得與勞工為離職後競業禁止之約定： 一、雇主有應受保護之正當營業利益。 二、勞工擔任之職位或職務，能接觸或使用雇主之營業秘密。 三、競業禁止之期間、區域、職業活動之範圍及就業對象，未逾合理範疇。 四、雇主對勞工因不從事競業行為所受損失有合理補償。 前項第四款所定合理補償，不包括勞工於工作期間所受領之給付。 違反第一項各款規定之一者，其約定無效。 離職後競業禁止之期間，最長不得逾二年。逾二年者，縮短為二年。

給雇主的話

競業禁止條款是雇主為了保護營業利益所產生的契約條款，《勞基法》第 9 條之 1 一方面承認競業禁止條款存在的必要性，一方面因為是限制勞工離職後的工作權，所以訂定競業禁止條款必須符合第 9 條之 1 第 1 項所列 4 項要件，如有違反會造成約定無效，並規定禁止期間超過 2 年縮短為 2 年。雇主與勞工簽訂競業禁止條款即使是在本條增訂公布（104 年 12 月 16 日）之前，也是採同樣條件檢驗是否有效，因為本條增訂條文只是將原先司法、勞工實務上的見解法律條文化。

給受僱人的話

受僱人在簽署競業禁止條款時，通常是沒有多大選擇權，受僱人可以依據《勞基法》第 9 條之 1 規定，判斷競業禁止條款是否有效。在合法有效的競業禁止條款之下，受僱人也必須遵守競業禁止條款的約定，以免除了必須遵守競業禁止限制外，還要支付損害賠償給前雇主。

案例編

03

雇主終止勞動契約面面觀

——雇主可以解僱勞工嗎？

3-1 勞工不能勝任工作，雇主可以資遣勞工

案例

小雲自 96 年起任職「小花公司」擔任總務部專員，經過 5 年時間，小雲升任總務部副理，因為副理屬於主管職缺，必須指揮中區分處業務以及協調中區各百貨專櫃問題，結果常常不能溝通協調各專櫃人員的排班及鋪貨，導致貨品囤積倉庫，或者須由別區副理緊急協助鋪貨，引起相關部門抱怨，設櫃的百貨公司也常常向公司抱怨，貨品不齊，排班人員不足。

總經理與小雲懇談，認為小雲擔任專員時，尚無問題，升任副理職務，就無法把工作做好，是不是回任專員，公司再找適合的人擔任副理，小雲不願意，希望公司給她時間改進，因此公司就指派小雲的直屬主管總務部經理輔導小雲職務，經理輔導小雲 1 年，但是小雲仍然無法有效溝通各專櫃的人員、處理管銷貨品問題，總經理再與小雲溝通協商是否回任專員，小雲仍然拒絕，總經理說再依公司的人力資源改善規則，啟動績效輔導計畫，如果 3 個月無法改善，公司就會解僱小雲，小雲知道人力資源改善規則，屬於公司的工作規則，沒有拒絕輔導改善的空間，所以就在公司提出的績效輔導計畫書簽名。

3 個月績效輔導計畫由公司總務部、人事部經理會同輔導，並且還提供 10 小時企管顧問諮商，但是在公司部門溝通會議，總經理詢問各部門有無協調事項或者難以解決的事務，需請求各部門協助，小雲都沒有反映任何問題，然而在這 3 個月計畫輔導期間，小雲還是常常發生貨品無法配合百貨公司節慶鋪貨的問題，因此公司以小雲不能勝任工作所需，依據《勞基法》第 11 條第 1 項第 5 款規定資遣小雲。

小雲於是委託律師提起訴訟，主張公司是因為小雲年資較深，不願意負擔較高的薪資，因此以不能勝任工作為由解僱她，如果不能勝任工作，為什麼可以在公司工作 6 年多，還可以由專員升任副理？請求法院確認僱傭關係存在，給付薪資等。

「小花公司」在法院上詳細說明公司如何輔導小雲工作，已經盡了最後手段，但是仍然無法改善小雲的工作能力，只能採取終止勞動契約一途，並且已經給付資遣費、預告工資、應休而未休完的特休假工資。

解析

法院判決小雲敗訴，主要理由如下：

1. 勞工對於所擔任之工作確不能勝任時，雇主得預告勞工終止勞動契約，《勞基法》第 11 條第 5 款定有明文。本條項的立法意旨，重在勞工提供之勞務，如無法達成雇主透過勞動契約所要達成客觀合理的經濟目的，雇主始得解僱勞工，其造成此項合理經濟目的不能達成之原因，應兼括勞工客觀行為及主觀意志，例如：勞工客觀上的能力、學識不足及主觀上違反忠誠履行勞務給付義務（包括勞工主觀上「能為而不為」、「可以做而無意願做」等情形），且須雇主於使用勞基法所賦予保護勞工的各種手段後，仍無法改善情況下，雇主才可以終止勞動契約，以符「解僱最後手段性原則」。

2. 工作規則中倘就勞工平日工作表現訂有考評標準，並就勞工不能勝任工作的情形，訂明處理準則，且未低於《勞基法》就勞動條件所規定的最低標準，勞資雙方自應予以尊重並遵守，始足兼顧勞工權益之保護及雇主事業的有效經營及管理。

3 勞工與雇主間的勞動條件依工作規則之內容而定，有拘束勞工與雇主雙方的效力，除該工作規則違反法律強制規定或團體協商外，當然成為僱傭契約內容的一部。雇主就工作規則為不利勞工之變更時，原則上不能拘束表示反對之勞工；但其變更具有合理性時，則可拘束表示反對之勞工。

4 小雲擔任副理時，產生無法勝任工作情形，公司曾經洽詢小雲是否回任專員，因為小雲拒絕，公司並未強制小雲調降職務，而是由主管輔導 1 年，仍然無法符合工作需求，公司又依據工作規則啟動 3 個月績效輔導計畫，指派 2 個部門經理輔導，另提供企管顧問諮商，顯然已花費額外的人事成本協助輔導小雲，但是小雲仍無法完善執行副理工作，專櫃許多問題仍然無法有效解決，客觀上已經用盡各種能力改善措施，但是還是達不到副理工作能力的需求，自允許公司依據《勞基法》第 11 條第 1 項第 5 款規定，以勞工不能勝任工作為由，終止勞動契約。

參考法條

法　　條	內　　容
《勞動基準法》 第 11 條 第 1 項 第 5 款	非有左列情事之一者，雇主不得預告勞工終止勞動契約，… 五、勞工對於所擔任之工作確不能勝任時。

3-2 孕婦遭解僱的復職戰鬥

案例

小雲是一位勤奮的勞工，雖然已經懷孕三個多月，當公司要求加班時，都會跟著一起加班。

這一天公司為了出貨，全員加班，結果到了凌晨 2 時才收工，小雲回到家倒頭就睡，第二天 7 點醒來時，虛弱地不得了，無法起床。小雲先向公司請半天假，下午再到公司上班，可是還是很不舒服，因此提前請假 1 小時到婦產科求診，不得了，醫生要求她最好休息安胎，先休息一週，再看看身體狀況。小雲當下打電話給經理，請一週假安胎，並且詢問經理，請安胎假會不會扣薪水？經理說第 1 次碰到這個狀況，不知道會不會扣錢，明天幫她向老闆娘請假，再問問看。

難得可以在家休息，小雲安心地睡到電話響起……。

「小雲啊！我是經理，我今天幫你向老闆娘請安胎假，並且問安胎假薪資怎麼算，老闆娘說你就安心養胎，將來小孩生下來，自己照顧小孩比較好，所以老闆娘會在下個月領薪日，把這個月全薪，匯到你的帳戶，其他的離職手續，我再來幫你處理。」

解僱，對於小雲而言真是晴天霹靂，這意味家裡只剩一份薪水，怎麼辦啊？小雲與老公小明討論了整夜，小明決定明天去勞工局申請勞工爭議調解，要求老闆讓小雲回去工作。調解委員告訴老闆，雇主解僱勞工的事由，必須符合《勞基法》第 11 條、第 12 條規定的事由，如果勞工基於身體因素要請安胎假，就解僱勞工，這樣的解僱是不合法的，違反「性別工作平等法」第 11 條規定，應該要讓勞工繼續工作。

老闆似乎有備而來，老闆告訴調解委員，選在小雲請安胎假時解僱小雲，只是剛好而已，因為小雲犯了很多錯，已經記滿三大過，符合公司的解僱條件。老闆堅持不讓小雲回公司工作，調解不成立。

小雲詢問調解委員，調解不成立之後，還可尋求什麼途徑爭取自己的權利？調解委員幫小雲開了另一扇門：「一般而言，勞資爭議調解不成立時，可以到法院提起訴訟，由法院以判決方式，解決勞資爭議的問題。不過，你的情況，也可以循懷孕歧視申訴程序，申訴後，勞工局會介入調查，也許可以解決你的問題。」

小雲到勞工局填寫申訴雇主違反性別工作平等法，經過勞工局調查後，地方政府認定雇主違反《性別工作平等法》、《勞基法》規定。地方政府處分如下：

＊關於違反《性別工作平等法》部分

1、性別工作平等會（註 1）認定公司違反《性別工作平等法》第 11 條規定，雇主不得對受僱者之解僱因性別而有差別待遇，公司解僱小雲其實是基於懷孕導致的歧視。

2、地方政府依據性別工作平等會認定結果（認定結果會作成審定書），依據《性別工作平等法》第 38 條之 1 規定，處罰公司新臺幣 30 萬元的罰鍰，並且公佈公司名稱與老闆的姓名，限期公司改善。

＊關於違反《勞基法》部分

依據《勞基法》第 49 條規定，懷孕女工絕對禁止深夜（夜間 10 時以後）工作，雇主也違反規定，地方政府也依據《勞基法》第 79 條規定，處罰雇主新臺幣 2 萬元，並依《勞基法》第 80 條之 1 規定，公佈公司名稱與老闆姓名，限期公司改善。

公權力明確地告訴公司，因為

小雲懷孕而解僱她，是不對的。小雲打電話問經理，是不是可以讓她回去上班了，而且她也已經生完小孩坐完月子了，經理說老闆對於小雲跑去勞工局申訴的行為很生氣，不願意讓她回來工作。

小雲因此向法院提起確認僱傭關係存在及損害賠償等訴訟，雇主還是主張小雲被記滿三大過解僱。

解析

法院調查勞雇雙方的主張與舉證，判決小雲勝訴，主要理由如下：

1. 按照《性別工作平等法》第 15 條第 3 項規定，勞工經醫師診斷須安胎休養，關於安胎請假及薪資計算依相關法令規定，《性別工作平等法》第 21 條規定，勞工請安胎假，雇主不得拒絕，《勞工請假規則》第 4 條第 2 項規定，勞工請安胎假併入住院傷病假計算。可知勞工因懷孕而需請安胎假時，受法律上保障。

2. 小雲在申請安胎假，雇主卻解僱小雲，小雲已經釋明因為懷孕因素遭到歧視而被解僱，但是雇主對於小雲因為什麼行為而被記滿三大過，沒有提出有利的證據證明，難信主張為真（註 2）。雇主主張依據《勞基法》第 12 條第 1 項第 4 款違反工作規則情節重大，及《勞基法》第 11 條第 1 項第 5 款勞工不適任工作終止勞動契約，均無理由。

3. 根據《性別工作平等法》第 11 條第 2 項規定，雇主如以勞工懷孕事由而解僱勞工，解僱無效，小雲與公司的僱傭契約仍然存在。

4 因為小雲與公司的僱傭契約存在，公司自應就非法解僱小雲之日起至復職日的薪資給付給小雲，並將應提撥的退休金補繳至退休金帳戶。

5 依據《性別工作平等法》第 26 條規定，雇主因非法解僱小雲，致小雲當年度無法休完之特休獎金，應給付給小雲。

6 依據《性別工作平等法》第 29 條規定，雇主因懷孕因素解僱小雲，應給付小雲精神損害賠償。

參考法條

法　　條	內　　容
《勞動基準法》 第 11 條 第 1 項 第 5 款	非有左列情事之一者，雇主不得預告勞工終止勞動契約…… 五、勞工對於所擔任之工作確不能勝任時。
《勞動基準法》 第 12 條 第 1 項 第 4 款	勞工有左列情形之一者，雇主得不經預告終止契約…… 四、違反勞動契約或工作規則，情節重大者。
《勞動基準法》 第 39 條前段	第三十六條所定之例假、休息日、第三十七條所定之休假及第三十八條所定之特別休假，工資應由雇主照給。
《勞動基準法》 第 49 條 第 1 項、第 5 項	雇主不得使女工於午後十時至翌晨六時之時間內工作。但雇主經工會同意，如事業單位無工會者，經勞資會議同意後，且符合下列各款規定者，不在此限……。 第一項但書及前項規定，於妊娠或哺乳期間之女工，不適用之。

法　　條	內　　容
《勞動基準法》 第 79 條 第 1 項 第 1 款	有下列各款規定行為之一者，處新臺幣二萬元以上一百萬元以下罰鍰， 一、違反……第四十九條第一項……規定。
《勞動基準法》 第 80 條之 1 第 1 項	違反本法經主管機關處以罰鍰者，主管機關應公布其事業單位或事業主之名稱、負責人姓名，並限期令其改善；屆期未改善者，應按次處罰。
《勞資爭議處理法》 第 6 條 第 1 項	權利事項之勞資爭議，得依本法所定之調解、仲裁或裁決程序處理之。
《性別工作平等法》 第 11 條	雇主對受僱者之退休、資遣、離職及解僱，不得因性別或性傾向而有差別待遇。 工作規則、勞動契約或團體協約，不得規定或事先約定受僱者有結婚、懷孕、分娩或育兒之情事時，應行離職或留職停薪；亦不得以其為解僱之理由。 違反前二項規定者，其規定或約定無效；勞動契約之終止不生效力。
《性別工作平等法》 第 15 條 第 3 項	受僱者經醫師診斷需安胎休養者，其治療、照護或休養期間之請假及薪資計算，依相關法令之規定。
《性別工作平等法》 第 26 條	受僱者或求職者因第七條至第十一條或第二十一條之情事，受有損害者，雇主應負賠償責任。
《性別工作平等法》 第 29 條	前三條情形，受僱者或求職者雖非財產上之損害，亦得請求賠償相當之金額。其名譽被侵害者，並得請求回復名譽之適當處分。

法　條	內　容
《性別工作平等法》 第 35 條	法院及主管機關對差別待遇事實之認定，應審酌性別工作平等會所為之調查報告、評議或處分。
《性別工作平等法》 第 38 條之 1 第 1 項、第 3 項	雇主違反第七條至第十條、第十一條第一項、第二項者，處新臺幣三十萬元以上一百五十萬元以下罰鍰。 …… 有前二項規定行為之一者，應公布其姓名或名稱、負責人姓名，並限期令其改善；屆期未改善者，應按次處罰。
《勞工退休金條例》 第 14 條 第 1 項	雇主應為第七條第一項規定之勞工負擔提繳之退休金，不得低於勞工每月工資百分之六。

給雇主的話

《性別工作平等法》禁止雇主因勞工懷孕而解僱勞工，如果勞工申訴遭受懷孕歧視，雇主要對沒有因勞工懷孕而解僱勞工負擔較大的舉證責任，無法盡到舉證責任時，通常都會遭到行政處分，不可不慎，須以建立友善工作場所為要。

給受僱人的話

勞工因懷孕而遭雇主解僱時，可以向雇主所在地的地方政府勞政單位申訴雇主違反《性別工作平等法》規定，藉由公權力導正雇主歧視的行為。

註 1：違反性別工作平等法事件申訴經調查後，會由地方政府所設之性別工作平等會作成認定成立或不成立的決議。

註 2：《性別工作平等法》第 31 條特別明文規定，勞工對於因性別因素而遭受差別待遇的事實，在舉證責任上，只要盡到「釋明責任」即可，雇主如果要推翻勞工的主張，雇主要盡到「證明責任」，雇主所舉的證據必須要充足，達到令人確信無法動搖的證據才行。

3-3 奶爸復職之路

案例

志明向公司請半年「育嬰假」，在家照顧2歲的小寶貝，假期快結束的前半個月，志明向人事室專員聯絡「育嬰假」結束後，如期上班，但是人事專員告訴他，因為他的職務已經有人在做，公司沒有職務可以安置他，所以「育嬰假」結束後，會辦理資遣。

這代表他要失業嗎？當初他要申請「育嬰假」時，就已經查明法律的保障規定，依據《性別工作平等法》第16條、第17條規定：

1、受僱人只要是在同一事業單位已經工作滿6個月以上，家中有未滿3歲的子女，不論受僱人是男性或女性，都可以申請育嬰假。

2、受僱者依法申請育嬰假的時候，雇主不得拒絕。

3、受僱人於育嬰留職停薪期滿復職為復原職，雇主不得拒絕。

4、雇主如果要拒絕受僱人復職，必須符合以下條件之一，且須經主管機關同意：

(1) 歇業、虧損或業務緊縮。

(2) 雇主依法變更組織、解散或轉讓。

(3) 不可抗力暫停工作在一個月以上者。

(4) 業務性質變更，有減少受僱者之必要，又無適當工作可供安置者。

志明決定先發存證信函給公司，說明「育嬰假」將期滿，屆時準時到公司上班，但是信件石沉大海，公司沒有與志明聯絡。志明還是如期到公司上班，可是在門口就遭到保全擋駕，人事專員跑出來拿資遣文件給他，志明憤而拒絕，直奔勞工局。

志明向勞工局提出申訴，申訴雇主不讓他復職，還違法要資遣他，勞工局受理之後，展開調查。公司的說法則是在志明請「育嬰假」，其他同仁接手他的工作後，才發現志明工作上犯很多錯誤，現在接任的同仁做得比志明還好，是因為志明不適任才資遣他，不是故意不讓他復職。

勞工局經過調查後，交由「性別工作平等會」評議，認為雇主無法提出，解僱不是因為志明請育嬰假而造成差別待遇的證據，所以認定雇主違反《性別工作平等法》第 21 條規定，拒絕請完育嬰假的勞工復職，依據《性別工作平等法》第 38 條規定處罰雇主罰鍰，並且限期改善，限期未改善的話，按次處罰。

公司收到處分書之後，人事專員主動聯絡志明，告訴志明公司接受處分結果，要求志明第二天來上班；志明仍不放心，詢問是不是回復原來的職務？自「育嬰假」結束第二天起公司拒絕他復職的這段時間，公司是不是會把薪水補給他？

人事專員回覆不是回復原職，因為原來的工作已經有人在做，所以改調部門薪水不變，至於育嬰假結束至復職期間的薪水，基於有服勞務才有薪資的原則，這段時間不會補給薪資。

志明才知過了一關，還有一關，於是與律師約時間面談。

律師給志明的建議是：

1、先依公司的指示上班，以免被公司以連續曠職 3 日終止勞動契約。

2、立刻再向勞工局回報公司沒有給他復原職。

3、向法院提起訴訟，請求公司復原職及給付志明自「育嬰假」結束第二天起至上班前一日薪資。

最後結果：

志明依據律師建議處理，並且向法院提起訴訟，請求雇主回復原職及補付薪水。

解析

法院判決志明勝訴，主要理由如下：

1. 所謂「復職」，依據《性別工作平等法》第 3 條第 1 項第 9 款規定，是指回復受僱者申請育嬰留職停薪時的原有工作。依據《育嬰留職停薪實施辦法》第 6 條規定：「育嬰留職停薪期間，雇主得僱用替代人力，執行受僱者之原有工作。」這個規定就是表示這個替代人力是短期工作，在申請育嬰假的勞工復職的時候，就結束工作，不能反而變成是短期人力取代正職工作者。志明的「育嬰假」結束後的復職，就是應該回復原先的工作，雇主不可以志明原先的工作已經改由他人執行，而拒絕他回復原先的工作，即使公司給復的薪資不變，也仍應回復原職。

2. 志明在「育嬰假」結束後，要恢復上班時，公司拒絕讓志明上班，這是公司無正當理由拒絕志明給付勞務，所以這段期間公司仍然要依據《性別工作平等法》第 26 條及勞動契約規定，補付薪資給志明。

參考法條

法　　條	內　　容
《勞動基準法》 第 11 條 第 5 款	非有左列情事之一者，雇主不得預告勞工終止勞動契約…… 五、勞工對於所擔任之工作確不能勝任時。

法　　條	內　　容
《性別工作平等法》 第 3 條 第 1 項 第 9 款	本法用詞，定義如下…… 九、復職，指回復受僱者申請育嬰留職停薪時之原有工作。
《性別工作平等法》 第 17 條 第 1 項	前條受僱者於育嬰留職停薪期滿後，申請復職時，除有下列情形之一，並經主管機關同意者外，雇主不得拒絕， 一、歇業、虧損或業務緊縮者。 二、雇主依法變更組織、解散或轉讓者。 三、不可抗力暫停工作在一個月以上者。 四、業務性質變更，有減少受僱者之必要，又無適當工作可供安置者。
《性別工作平等法》 第 21 條 第 1 項	受僱者依前七條之規定為請求時，雇主不得拒絕。
《性別工作平等法》 第 26 條	受僱者或求職者因第七條至第十一條或第二十一條之情事，受有損害者，雇主應負賠償責任。
《性別工作平等法》 第 38 條	雇主違反第二十一條、第二十七條第四項或第三十六條規定者，處新臺幣二萬元以上三十萬元以下罰鍰。 有前項規定行為之一者，應公布其姓名或名稱、負責人姓名，並限期令其改善；屆期未改善者，應按次處罰。

給雇主的話

受僱人結束育嬰假之後，雇主除非是有下列情形之一（1. 歇業、虧損或業務緊縮者；2. 雇主依法變更組織、解散或轉讓者；3. 不可抗力暫停工作在一個月以上者；4. 業務性質變更，有減少受僱者之必要，又無適當工作可供安置者。），且得到主管機關同意，否則不可拒絕受僱人復原職。

給受僱人的話

育嬰假結束之後，雇主必須復受僱人原職，為法律保障的權利，如果受僱人請求復職，遭雇主拒絕時，受僱人可以依據性別工作平等法規定主張權利。

3-4 公司老人職務保衛戰

案例

「小星星航空公司」因為經營不善，公司進入重整階段。為了改變體質，公司進行裁員以減輕公司人事成本。

美麗也接到資遣通知了，對於在公司任職 20 年，從小空服員做到督導的她，實在百感交集，一方面公司確實遇到營運困難，美麗原本每月保證飛行時數的加給，都為了共體時艱，減少三分之一，可是公司還是繼續營運中，難道不能有其他方式處理嗎？資遣後再謀職，以目前自己已經過了 40 歲階段，要找工作也不是容易的事。

美麗與律師研究公司的資遣方案，看看還有沒有一線生機？

律師分析認為：

原則上公司都已走到重整階段，必須採用資遣員工減輕人事成本負擔，似乎是不可避免的事，這也符合《勞基法》第 11 條第 12 項 2 款所稱虧損或業務緊縮情形而有終止勞動契約的必要。

但是公司的資遣方案，目的要達到減少人事成本 35%，其所資遣的人員都是工作達 15 年以上的員工，原則上能在公司工作滿 15 年的話，年紀都比較大，相對的是年輕的空服員都留任，雖然資深空服員的薪水較高，資遣資深空服員的方式較易達到減少人事成本 35% 的目標，可是相對的資深空服員對公司的貢獻也高於資淺空服員，為了達到減少成本就拿資深空服員來做祭旗，在做人的道理上說不通吧！

不過法律事件不能憑感覺，任何主張都要有法令做後盾，《就業服務法》第 5 條規定，雇主不可以

「年齡」因素對於受僱者予以歧視，雇主雖然有資遣勞工的事由存在，可是資遣理由實際上是連結到「年齡歧視」，這就違反禁止就業歧視的強行規定，依據《民法》第 71 條規定，法律行為違反強行規定無效，美麗可以主張公司對於美麗的資遣無效，確認僱傭關係仍然存在。

第一個步驟，美麗先申請「勞資爭議調解」，雇主雖然預告資遣，因為美麗依據《勞資爭議處理法》申請調解，主張資遣不合法，美麗仍應保有工作權，在調解期間，依據《勞資爭議處理法》第 8 條規定，勞資爭議調解期間，雇主不得終止勞動契約。美麗可以爭取緩衝時間，不會立刻沒有工作，也許在爭議階段，雙方可達成共識，就不須再走上訴訟之路。

很可惜的是，雙方調解不成立，勢必要走上訴訟程序，因此在雇主發出終止勞動契約生效通知之後，美麗展開第二步驟。

美麗以原告身分起訴請求「確認小星星航空公司與她的勞動契約仍然存在」、「小星星航空公司應給付美麗自資遣日起至復職日止尚積欠的工資」，一般而言，提起民事訴訟，原告要先繳裁判費，美麗聲請依據《勞資爭議處理法》第 57 條規定，可以暫免徵收一半的裁判費，這樣也可減輕美麗的負擔。

解析

經過漫長的訴訟，法院判決美麗勝訴，主要理由如下：

1. 「歧視」的概念，本質上包含「事實比較」的意涵，如果可指出一項可供參考比較的事實指標，藉以說明被歧視者與該參考的事實指標，二者職業條件相同，卻因某項與工作能力不相關的因素而受雇主不平等的處遇，或者職業條件不同，卻因某項與工作能力不相關之因素而受相同的對待。

2 《就業服務法》第5條第1項明文禁止雇主以「年齡」為工作取得、喪失、變更的條件，也就是雇主在求職者或受僱者之求職或就業過程，不得因「年齡」因素而對之為直接或間接之不利對待。目的在於避免雇主用與工作無直接關聯的原因，而予以求職者或受僱者不平等的待遇，以保障勞工的工作權。

3 關於歧視因素的認定，包括直接因素與間接因素。雇主直接以「年齡」為因素，設定為僱用受僱人、解僱受僱人或給予受僱人福利之條件，或雖未直接以年齡為條件，但間接設定其他因素，可是因為該因素連結的結果，將與年齡發生必然的關連，終致受僱人將因年齡因素而與勞動條件發生牽連，都應認為屬於因「年齡」因素而對受僱人不當之歧視。

4 「小星星航空公司」在重整階段，固有裁減勞工之必要，但是一方面「小星星航空公司」仍然繼續營運，每週仍有多班飛機執行飛航任務，並非結束營業或結束部門，資深空服員與資淺空服員在執行職務上的功能是不一樣的，基本上資深空服員的經驗高於資淺空服員，資深空服員也會負擔不同的管理階層工作，飛航服務必須有管理階層的資深空服員帶領資淺空服員始能完成工作及應付各種飛航服務及旅客需求，如果為了節省人事成本，一概資遣高薪空服員，而非依據工作之需求採行資遣對象的選擇，最後不利益的連結到資深空服員均屬資遣對象，資淺空服員均屬留任對象，就是間接產生「年齡歧視」，違反《就業服務法》第5條規定。

5 依據《民法》第 71 條規定，法律行為違反強制規定無效，因此「小星星航空公司」資遣美麗之行為無效，「小星星航空公司」與美麗之間的勞動契約仍然存在，雖然「小星星航空公司」已經付給美麗資遣費，該資遣費就轉作「小星星航空公司」付給美麗自資遣日起至復職日前的薪水，如果不夠的話還要補足薪水。

參考法條

法條	內容
《民法》 第 71 條	法律行為，違反強制或禁止之規定者，無效。但其規定並不以之為無效者，不在此限。
《勞動基準法》 第 11 條 第 1 項 第 2 款	非有左列情事之一者，雇主不得預告勞工終止勞動契約…… 二、虧損或業務緊縮時。
《就業服務法》 第 5 條 第 1 項	為保障國民就業機會平等，雇主對求職人或所僱用員工，不得以……年齡……為由，予以歧視；其他法律有明文規定者，從其規定。
《勞資爭議處理法》 第 8 條	勞資爭議在調解、仲裁或裁決期間，資方不得因該勞資爭議事件而歇業、停工、終止勞動契約或為其他不利於勞工之行為；勞方不得因該勞資爭議事件而罷工或為其他爭議行為。
《勞資爭議處理法》 第 57 條	勞工或工會提起確認僱傭關係或給付工資之訴，暫免徵收依民事訴訟法所定裁判費之二分之一。

給雇主的話

公司因為營運虧損或業務緊縮，勞基法固然允許雇主資遣勞工，以救亡圖存，但是在選擇資遣對象，也要盡到平等義務，不可以違反《就業服務法》第 5 條規定。

給受僱人的話

在遭到雇主資遣時，先檢視雇主是否符合《勞基法》第 11 條、《就業服務法》第 5 條規定，以免工作權受到侵害。

3-5 自目勞工職務保衛戰

案例

小明向來是火爆浪子，經常在工作中與同事衝突，因此人緣並不好，有一天小明為了生產線錯件問題，與小老闆大吵一頓，氣得小老闆把小明由生產線領班調到公司清潔部門，負責全工廠的清潔打掃，等小明脾氣改好後，才要把他調回原職。

但是半年過後，公司還是沒有把小明調回原職，小明又去找小老闆理論，雙方一陣爭吵後，小明指著小老闆罵，要不是小老闆有個富爸爸，否則怎麼有機會讓他在公司當小皇帝，全公司的人為了生活，才對他忍氣吞聲，小老闆生氣之下，叫小明明天不用來上班了，小明也高喊不來就不來，經同事把雙方拉開，火爆場面才暫時終止。

第二天，小明照常到公司上班，可是一到公司門口，就被警衛攔住，警衛說小老闆交代已經解僱小明，要小明等人事部門來帶他辦理離職手續。

人事專員到達公司門口，小明就問公司憑什麼將他解僱？人事專員告訴他，因為昨天小明辱罵小老闆是靠爸族，小老闆以小明重大侮辱雇主為由解僱他，小明不改火爆脾氣，揚言法院見。

小明委託律師提起訴訟，律師主張雇主以《勞基法》第 12 條第1項第 2 款規定終止勞動契約，有些遷強，畢竟《勞基法》第 12 條第 1 項第 2 款規定，一方面保障雇主的指揮監督權，一方面也要避免雇主任意以重大侮辱雇主為由，解僱與雇主唱反調或雇主主觀上討厭的勞工，所以在司法實務上解釋「重大侮辱」，都採較嚴格的認定標準，小明是為復原職問題與小老闆吵架，在吵架之中難免口不擇言，不能因此就認為是重大侮辱雇主。

解析

法院判決小明勝訴，主要理由如下：

1. 《勞基法》第 12 條第 1 項第 2 款及第 2 項規定，勞工對於雇主有重大侮辱的行為，雇主可以在知悉其情形之日起 30 日內，不經預告終止勞動契約。所謂「侮辱」，是指以言語或舉動使他人覺得難堪而言；是否屬於「重大」，則應就具體事件，衡量受侮辱者所受侵害的嚴重性，並斟酌勞工及受侮辱者雙方的職業、教育程度、社會地位、行為時所受的刺激、行為時之客觀環境及平時使用語言之習慣等一切情事為綜合之判斷，且基於憲法保障工作權的目的，所謂「重大侮辱行為」必須是該勞工的侮辱行為，已達到令雇主繼續勞動契約給付工資，甚至待預告期滿再終止勞動契約均已成為不可期待的狀況，或者繼續勞動契約將造成雇主的損害，非採取此等非常手段不能防免得程度，始得謂符合該條所謂重大侮辱要件，而由雇主終止勞動契約。

2. 法院調問證人的結果，均顯示小明平日情緒控管不佳，易與人發生衝突，可是平日小明與同事發生言語衝突時，雇主並未作排解，或者要求小明控制情緒或作任何懲處。小明生氣時所辱罵的話語是否影響勞動契約的延續，是否符合「重大」的標準已有疑義。

3. 小明與小老闆發生言語衝突的結果是被調職，由生產線領班調到清潔部門勞工，並也言明，等小明脾氣改好後調回原職，不論這種調職方式合不合法，似乎就小老闆的調職措施而言，是帶有懲戒、短暫意味，但是調職半年之後，小明都沒有被調回原職，小明要找小老闆理論，對於未經協商勞動條件變更，遭調為不同勞動條件職務達半年的勞工而言，很難期待可以心平氣和地與雇主討論回復原來的勞動條件，會發生言語上爭吵，情理上在所難免。

4 小明在工作場所指著小老闆罵因為有富爸爸等語，言下之意固有認為其為靠爸族，否定小老闆經營管理能力之意，但是小老闆並非由基層員工升任管理階層，而是因為董事長之子的身分，直接擔任公司管理階層，事實上確實有身分關係上之優勢，小明因為得不到何時可以回復原職的答案，心急之下說，小老闆因為有個富爸爸才能在公司當小皇帝之語，雖然難聽，但客觀上也不致於影響到小老闆的指揮監督權，造成小老闆何種損害。

5 小明因為與小老闆理論何時可調回原職，言語雖然不遜，但是還沒有達到重大侮辱的情形，不符合《勞基法》第 12 條第 1項第 2 款終止勞動契約事由，解僱不合法，小明與公司的僱傭契約仍然存在。

6 公司解僱小明不合法，在復職日之前積欠的工資，即使小明實際上未工作，因為這是公司拒絕小明給付勞務所致，所以公司仍需支付工資給小明。

參考法條

法　　條	內　　容
《勞動基準法》 第 12 條 第 1 項 第 2 款	勞工有左列情形之一者，雇主得不經預告終止契約…… 二、對於雇主、雇主家屬、雇主代理人或其他共同工作之勞工，實施暴行或有重大侮辱之行為者。

給雇主的話

雇主與勞工所訂的勞動契約，只要是適用勞基法的職業、職務，均受勞基法的基本保障，如果不符勞基法規定的得終止勞動契約事由，雇主解僱勞工就是非法的，勞工仍可主張勞動契約存在，雇主不要以個人的好惡任意解僱勞工。

3-6 被騙資遣勞工職務保衛戰

案例

小雲在「閃閃購物網公司」擔任行銷工作5年，某日公司總經理與小雲協商，因為市場上有多家購物網公司，競爭激烈，公司的貨品項目欠缺多樣化，導致營運困難，必須縮編，因此需資遣小雲，但是需要支付給小雲的預告工資、資遣費、未休的特休假工資都會核實支付，接下來，總經理拿出確認書給小雲核對，小雲認為沒錯，就在確認書上簽名，月底辦理離職手續。

小雲離職1個月後，發現「閃閃購物網公司」刊登行銷徵人廣告2名，資遣1人，招募2人，怎麼會有業務緊縮需資遣人員呢？小雲於是到勞工局申請勞資爭議調解，「閃閃購物網公司」告知勞工局雙方是協議資遣，並提出小雲簽名的確認書為憑，拒絕到場調解。

看來只有尋求法律途徑解決了，小雲在法庭上說，這張她簽名的確認書是確認公司計算給她的預告工資、資遣費、未休的特休假工資金額是否正確，不是協議資遣。

解析

漫長的訴訟，法院判決小雲勝訴，主要理由如下：

1. 《勞基法》第11條第1項第2款規定，賦予雇主在有虧損或業務緊縮時，得預告勞工終止勞動契約，目的在於企業因發生虧損或業務緊縮，無法維持原有經營規模，為緩和及減輕事業成本，圖謀生存，因此准許雇主得經預告終止勞動契約，以精簡組織及減省營運支出，使面臨困境之事業得以有機會扭轉頹勢，繼續經營，並藉此保障事業體內多數勞工之就業權益。

2 為了避免雇主濫用「虧損」或「業務緊縮」資遣勞工的權利，實務上認為所謂「業務緊縮」是指雇主在相當一段時間營運不佳，生產量及銷售量均明顯減少，其整體業務應予縮小範圍而言。如果需採資遣方式，也須在無法採行對勞工權益影響較輕的措施時，才能使用資遣方式處理。資遣洽當與否，同時也受民法第148 條第 2 項規定「行使權利履行義務，應依誠實及信用方法」所規範，若雇主行使其精簡組織的權利，已明顯偏離法律規定原先預期的利益狀態，逾越法律所定該權利之目的時，法律即應否定該權利的行使。

3 雇主以業務緊縮資遣行銷人員 1 名，但是資遣之後，又在 1 個月後招募行銷人員 2 名，如果業務緊縮需要縮編，怎會再增加相同業務人員？雇主實際上並無業務緊縮的事實存在，沒有《勞基法》第 11 條第 1 項第 2 款資遣勞工的權利。

4 公司是否有業務緊縮情事而有資遣勞工的正當權利，並非單憑勞工在資遣確認書上簽名，就可認定勞資雙方合意終止勞動契約。雇主主張資遣確認書為小雲與公司協議資遣的證明，該文書標題為「資遣確認書」內容為「因為公司業務緊縮，須辦理資遣，以及小雲年資起算日、結算日、資遣費、預告工資、未休特休假工資及計算式」公司是否有業務緊縮情形，非勞工所能知悉，所以當勞工被告知需資遣時，當下最重視的問題，應為確保能否領到勞基法規定的資遣費、預告工資、未休特休假工資，以保障自身權益。小雲在「資遣確認書」簽名是為了確認資遣費、預告工資、未休特休假工資金額對不對，及同意辦理相關離職手續，並非雙方協議資遣的意思，如果雙方協議資遣，公司提供的資遣確認書就不須寫明因業務緊縮資遣。因此本件為雇主單方行使資遣權，但是公司實際上沒有業務緊縮的事實，所以不符合《勞基法》第 11 條第 1 項第 2 款要件，雇主終止勞動契約不合法，公司與小雲的勞動契約仍然存在。

5 按僱用人受領勞務遲延者，受僱人無補服勞務之義務，仍得請求報酬，民法第 487 條定有明文。小雲遭雇主非法解僱，在復職日前，小雲不須補上班工作，雇主仍須補足未付的工資，在扣掉雇主已付的資遣費、預告工資（因為解僱不合法，雇主不需支付資遣費、預告工資，所以轉作小雲的工資；至於未休特休假工資，在未休完特休假，雇主本來就需要支付給勞工，不可以抵做未付的工資。），仍有不足的部分，雇主仍須補足工資。

參考法條

法　　條	內　　容
《民法》 第 487 條前段	僱用人受領勞務遲延者，受僱人無補服勞務之義務，仍得請求報酬。
《勞動基準法》 第 11 條 第 1 項 第 2 款	非有左列情事之一者，雇主不得預告勞工終止勞動契約…… 二、虧損或業務緊縮時。

3-7 勞工挪用貨款，雇主可以立即解僱勞工

案例

小明為「閃閃公司」的送貨員，每天依據公司發送的送貨單送貨，並且向客戶收款，小明因為迷上網路簽賭，輸了不少錢，還沒到發薪日，就已經卯吃寅糧，某日組頭找上小明討債，要求小明還賭債（註 1），小明被迫將收到的貨款新臺幣 20000 元交給組頭。

因為無法將貨款交給公司，小明請兩天病假，回到公司，公司要求小明提交就醫證明，完成請假手續，小明就推說只在家休息沒有就醫，公司要求小明交回貨款，小明就說放在家裡忘了帶來，引起公司懷疑，經理與小明詳談，小明說出實際情形，「閃閃公司」立刻解僱小明，並要求小明承諾於 1 個月內返還貨款新臺幣 20000 元。

小明因為找工作困難，希望「閃閃公司」可以繼續留用，遭「閃閃公司」拒絕，小明於是到法院提起確認僱傭關係存在訴訟，主張雇主未給其改過機會，不符解僱為最後手段原則，如果已經解僱，也應給他預告工資、資遣費。

解析

法院判決小明敗訴，主要理由如下：

1. 「閃閃公司」由送貨員送貨收取客戶貨款，對於送貨員規定收到貨款要交回公司，公司的營運才能正常運作，如果送貨員不將貨款交回公司，另作個人用途，已經破壞雇主對於勞工的信任原

則，小名挪用貨款的行為，也已經構成業務侵占罪，雖然雇主未予追究，此種情形已經無法再期待勞工改正，不適用解僱為最後手段原則。

2 依據《勞基法》第 12 條第 1 項第 4 款規定，勞工違反勞動契約或工作規則，情節重大者，雇主可以解僱勞工，而且不需給予預告期間，因此「閃閃公司」在得知小明被逼債挪用貨款之後，立刻解僱小明，依據《勞基法》第 18 條規定，也不須支付預告工資給小明。

3 雇主是基於《勞基法》第 12 條第 1 項第 4 款規定，解僱小明，依據《勞基法》第 18 條規定，也不須支付資遣費給小明。

參考法條

法　　條	內　　容
勞動基準法 第 12 條 第 1 項 第 4 款	勞工有左列情形之一者，雇主得不經預告終止契約…… 四、違反勞動契約或工作規則，情節重大者。
勞動基準法 第 18 條 第 1 項 第 1 款	有左列情形之一者，勞工不得向雇主請求加發預告期間工資及資遣費， 一、依第十二條或第十五條規定終止勞動契約者。

註 1：賭債非債，債務人可拒絕返還賭債，但是賭博構成犯罪，賭徒依據刑法第 266 條規定，有賭博罪責。

3-8 勞工無故曠職三日，雇主可解僱勞工

案例

小美擔任「閃閃公司」作業員，小美仍然想找待遇更好的工作，因此如有通知面試，小美會請假前往面試。

週一小美請假去應徵工作，這次面試結果，小美覺得機會蠻大的，因此第 2 天起就沒去「閃閃公司」上班，「閃閃公司」打電話給小美，小美也不接電話，直到第 4 天，小美主動打電話詢問面試的公司，是否錄用小美，得到的答案是否定的，因此週五小美就回去「閃閃公司」上班，但是遭警衛擋駕，不准進入公司。警衛說人事部門已經在週四發通知解僱小美，小美說沒有收到通知，人事部門專員就再到公司門口將解僱通知書交給小美。

小美到法院起訴，請求確認僱傭關係存在，「閃閃公司」表示，小美因為連續曠職 3 日所以已經解僱小美。

解析

法院判決小美敗訴，理由如下：

1. 勞工無故連續曠職 3 日，符合《勞基法》第 12 條第 1 項第 6 款規定，雇主不需預告即可解僱勞工，「閃閃公司」在小美無故連續曠職 3 日之後，立刻解僱小美，解僱合法。

2 《勞基法》第 12 條第 2 項規定，雇主知悉勞工無故連續曠職 3 日，雇主如要解僱勞工，必須在知悉後 30 日內為之，如果知悉後超過 30 日才解僱勞工，勞工可以主張雇主超過知悉後 30 日的除斥期間，不得解僱勞工，因此雇主知悉勞工無故連續曠職 3 日，雇主解僱勞工，不須適用解僱為最後手段原則。

參考法條

法　　條	內　　容
《勞動基準法》 第 12 條 第 1 項 第 6 款 第 2 項	勞工有左列情形之一者，雇主得不經預告終止契約…… 六、無正當理由繼續曠工三日，或一個月內曠工達六日者。 雇主依前項第一款、第二款及第四款至第六款規定終止契約者，應自知悉其情形之日起，三十日內為之。

案例編

04

勞工終止勞動契約面面觀

——勞工辭職的法律效果

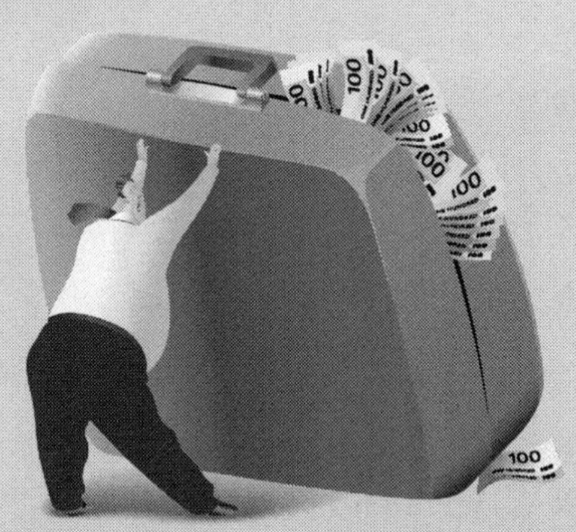

4-1 未經勞資協商，雇主片面減薪，勞工可以終止勞動契約

案例

小強從 102 年 7 月 1 日起受僱於「閃閃餐飲公司」，原本擔任服務生，後來在 106 年 3 月 1 日起升任店長，工時為每天早上 10 點至晚上 10 點，下午 3 點至 5 點為休息時間，每個月休 8 日，領有本薪新臺幣 30000 元，店長津貼新臺幣 3000 元，加班費新臺幣 5000 元、交通費新臺幣 2000 元，合計新臺幣 40000 元。

106 年 9 月 1 日起，「閃閃餐飲公司」更換經營人，新的老闆認為小強欠缺店長能力，業績不好，將小強調整職務為外場服務專員，工時不變、每個月休 8 日，不當店長就沒有店長津貼新臺幣 3000 元，也沒有加班，因此也不需支付加班費 5000 元，所以薪水為新臺幣 32000 元，小強向老闆反映，不做店長，可以接受，但希望維持原薪，扣除店長津貼新臺幣 3000 元，也許還可勉強接受，但是連加班費新臺幣 5000 元也扣除，差距太大了，無法接受，老闆完全無議價讓步空間。小強於是到勞工局申請勞資爭議調解，雙方在 106 年 10 月 25 日調解不成立，小強覺得新老闆不夠友善，日後薪水可能還會被東扣西扣，因此在 106 年 10 月 25 日寄出存證信函，向老闆表示工作到 106 年 10 月底，並且要求老闆應該付給他資遣費。

老闆除了匯入 106 年 10 月份薪資到小強的銀行帳戶之外，並沒有支付資遣費，老闆反而於 106 年 11 月 9 日發出存證信函，以小強無故曠職 6 日終止勞動契約。

小強於是到法院提起給付資遣費訴訟，小強主張自 106 年 3 月

1 日起，原本每月薪資有新臺幣40000 元，但是「閃閃餐飲公司」從 106 年 9 月 1 日起片面減薪為新臺幣 32000 元，違反勞動法令與雙方原先約定的勞動契約，依據《勞基法》第 14 條第 1 項第 5 款、第 6 款規定，終止勞動契約，並且依據《勞基法》第 14 條第 4 項規定，請求給付資遣費。

「閃閃餐飲公司」則表示，新老闆在 106 年 9 月 1 日接手後，認為小強擔任店長時業績不好，不適合擔任店長，本來就有調動勞工職務的權限，不擔任店長就不該領店長職務的薪水，而且小強是因為曠職被解僱，按照《勞基法》第 12 條規定，本來就不須支付資遣費給小強。但是法院問新老闆，小強調職前後都是每日工時 8 小時，每月休 8 日，加班費新臺幣 5000 元是怎麼算出來？有無小強每月加班時數的證明？新老闆說不清楚接手前，小強每月薪資含加班費新臺幣 5000 元的緣由，小強則表示從到「閃閃餐飲公司」任職開始，每月薪水條都列有加班費項目，只是擔任一般服務生、專員、店長職務時，加班費項目的金額不同。

解析

法院調查勞雇雙方的主張舉證後，判決小強勝訴，主要理由如下：

1 《勞基法》第 2 條第 1 項第 3 款規定，工資為勞工因工作而獲得之報酬；包括工資、薪金及按計時、計日、計月、計件以現金或實物等方式給付之獎金、津貼及其他任何名義之經常性給與均屬之。《勞基法》第 22 條第 2 項規定，工資應全額直接給付勞工。雇主如符合《勞基法》第 10 條之 1 調職原則，才可以調動勞工，但是依據《勞基法施行細則》第 7 條規定，勞動契約必須約定工資之議定、調整、計算、結算，工資屬於勞動條件，勞動條件如果變更必須經過勞資協商。雇主如認有變更的必要，應重新與勞工協商合致，不得逕自變更。而且法院在判決中認為勞資雙方有無協商合致，應由雇主負舉證責任。

2 「閃閃餐飲公司」認為小強擔任店長時業績不好，因此解除店長職務，但是店長職務在於代表雇主指揮監督勞工及管理業務執行，「閃閃餐飲公司」並未將業績需達多少標準，作為店長職務取得、調整、喪失的條件，難符合《勞基法》第 10 條之 1 揭示「基於企業經營上所必須，且不得有不當動機及目的。」、「對勞工之工資及其他勞動條件，未作不利之變更。」的原則，因此調職及減少店長津貼新臺幣 3000 元，也違反《勞基法》第 10 條之 1 規定。

3 「閃閃餐飲公司」在小強擔任店長的時候，工時為 8 小時每月休 8 日，並無加班狀況，但是「閃閃餐飲公司」支付給小強的薪資結構中，固定都有加班費新臺幣 5000 元，加班費新臺幣 5000 元應該是經常性給與，屬於勞工因工作所獲得的報酬，應屬薪資一部分，「閃閃餐飲公司」未與小強協議合致，就要減薪，並不符合勞資雙方勞動契約約定及《勞基法施行細則》第 7 條規定。

4 雇主未給足薪資違反勞動法令、勞動契約時，按照《勞基法》第 14 條第 1 項第 5 款、第 6 款規定，勞工得不經預告終止契約。而且小強在雇主 106 年 10 月間支付 106 年 9 月份薪水時，知道雇主撥付薪資不足減薪，在知悉或知道損害發生 30 日之內終止契約，符合《勞基法》第 14 條第 2 項規定，小強終止勞動契約有效，並且可依《勞基法》第 14 條第 4 項規定，請求雇主支付資遣費，資遣費的算法依據《勞工退休金條例》第 12 條規定，按勞工在事業單位工作的年資，每滿 1 年發給 1/2 個月平均工資，未滿 1 年的部分比例給付。

5 「閃閃餐飲公司」主張小強 106 年 11 月曠工 6 日，已遭公司依據《勞基法》第 12 條第 1 項第 6 款規定終止勞動契約，但是「閃閃餐飲公司」違反勞動法令、勞動契約在先，小強已經於 106 年 10月 25 日表示在 106 年 11 月 1 日起終止勞動契約，終止勞動契約已經自 106 年 11 月 1 日起發生效力，本來就不須再至公司工作，因此「閃閃餐飲公司」主張解僱小強不生效力，因為已經無約可終止。

參考法條

法　　條	內　　容
《勞動基準法》 第 2 條 第 1 項 第 3 款	本法用辭定義如左…… 三、工資：謂勞工因工作而獲得之報酬；包括工資、薪金及按計時、計日、計月、計件以現金或實物等方式給付之獎金、津貼及其他任何名義之經常性給與均屬之。
《勞動基準法》 第 10 條之 1 第 1 項 第 1 款、第 2 款	雇主調動勞工工作，不得違反勞動契約之約定，並應符合下列原則： 一、基於企業經營上所必須，且不得有不當動機及目的。但法律另有規定者，從其規定。

法　條	內　容
	二、對勞工之工資及其他勞動條件，未作不利之變更。
《勞動基準法》 第 12 條 第 1 項 第 6 款	勞工有左列情形之一者，雇主得不經預告終止契約…… 六、無正當理由繼續曠工三日，或一個月內曠工達六日者。
《勞動基準法》 第 14 條 第 1 項 第 5 款、第 6 款 第 2 項、第 4 項	有下列情形之一者，勞工得不經預告終止契約…… 五、雇主不依勞動契約給付工作報酬，或對於按件計酬之勞工不供給充分之工作者。 六、雇主違反勞動契約或勞工法令，致有損害勞工權益之虞者。 勞工依前項第一款、第六款規定終止契約者，應自知悉其情形之日起，三十日內為之。但雇主有前項第六款所定情形者，勞工得於知悉損害結果之日起，三十日內為之。 ……。 第十七條規定於本條終止契約準用之。
《勞動基準法》 第 17 條	雇主依前條終止勞動契約者，應依下列規定發給勞工資遣費： 一、在同一雇主之事業單位繼續工作，每滿一年發給相當於一個月平均工資之資遣費。

法　　條	內　　容
	二、依前款計算之剩餘月數，或工作未滿一年者，以比例計給之。未滿一個月者以一個月計。 前項所定資遣費，雇主應於終止勞動契約三十日內發給。
《勞動基準法》 第 22 條 第 1 項前段	工資之給付，應以法定通用貨幣為之。
《勞動基準法施行細則》 第 7 條	勞動契約應依本法有關規定約定下列事項： 一、工作場所及應從事之工作。 二、工作開始與終止之時間、休息時間、休假、例假、休息日、請假及輪班制之換班。 三、工資之議定、調整、計算、結算與給付之日期及方法。 四、勞動契約之訂定、終止及退休。 五、資遣費、退休金、其他津貼及獎金。 六、勞工應負擔之膳宿費及工作用具費。 七、安全衛生。 八、勞工教育及訓練。 九、福利。

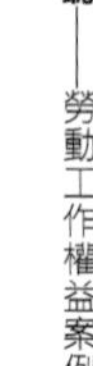

法　　條	內　　容
	十、災害補償及一般傷病補助。 十一、應遵守之紀律。 十二、獎懲。 十三、其他勞資權利義務有關事項。
《勞工退休金條例》 第 12 條	勞工適用本條例之退休金制度者，適用本條例後之工作年資，於勞動契約依勞動基準法第十一條、第十三條但書、第十四條及第二十條或職業災害勞工保護法第二十三條、第二十四條規定終止時，其資遣費由雇主按其工作年資，每滿一年發給二分之一個月之平均工資，未滿一年者，以比例計給；最高以發給六個月平均工資為限，不適用勞動基準法第十七條之規定。 依前項規定計算之資遣費，應於終止勞動契約後三十日內發給。 選擇繼續適用勞動基準法退休金規定之勞工，其資遣費與退休金依同法第十七條、第五十五條及第八十四條之二規定發給。

4-2 遞出辭呈就是辭職了

案例

小華擔任「勝利公司」台北分公司的專櫃經理，有一次核對專櫃銷貨帳時，小華發現店員小美有錯帳情形，貨款也有短缺，小華要求小美補足短缺貨款之外，還要求小美給封口費 5000 元，小華就不向公司舉報，以避免公司扣減小美當月業績獎金，小美不願就範，並揚言要向總公司舉發，小華要求封口費的事就此作罷。

某日小華在網路群組中發現有人不具名討論類似問題，小華怕東窗事發，因此就向台北分公司提離職書，表示因為個人能力有限，無法勝任專櫃經理職務，將於當月月底辭職。台北分公司協理收到小華的離職書，詢問離職原因，小華一再表示就如同離書上所寫，協理於是將小華調回台北分公司擔任待辭專員，配合職務交接，專櫃經理則由他人代理至次月 1 日真除上任。

到了當月月底將近時，小華發現好像是自己多慮了，公司高層似乎不知道他曾經要求小美付封口費未遂的事，小華反悔想要繼續任職下去，於是向協理表明要繼續工作不辭了，協理則表示人事已經安排好，專櫃經理一職已由他人擔任，無從安排職務讓小華任職。

小華在網路詢問了一些意見，就以自己已經懷孕 1 個月，按照《性別工作平等法》第 11 條規定，公司不可以解僱她，向法院提起訴訟，請求確認「勝利公司」與她的僱傭契約存在，不然也要支付資遣費與預告工資給她，「勝利公司」在法院喊冤，說明明是小華提辭呈，又不是「勝利公司」解僱她。

解析

法院經過調查證據結果，判決小華敗訴，主要理由如下：

1. 勞工終止勞動契約的終止權屬形成權，於勞工行使其權利時就發生形成的效力，不必得到雇主的同意。小華遞辭呈表明在當月月底辭職，當雇主收到辭呈，小華的意思表示就已送達雇主，發生效力，所以小華已經主動辭職生效。

2. 《性別工作平等法》第 11 條只有限制雇主不可以因為勞工懷孕而解僱勞工，但是並未限制勞工因懷孕而終止勞動契約的自由，小華即使懷孕，還是可以自請離職。

3. 依據《勞基法》第 18 條規定勞工自請離職，雇主不必支付資遣費與預告工資給勞工。

參考法條

法　　條	內　　容
《勞動基準法》 第 15 條 第 2 項	不定期契約，勞工終止契約時，應準用第十六條第一項規定期間預告雇主。
《勞動基準法》 第 18 條 第 1 項 第 1 款	有左列情形之一者，勞工不得向雇主請求加發預告期間工資及資遣費： 一、依第十二條或第十五條規定終止勞動契約者。
《性別工作平等法》 第 11 條	雇主對受僱者之退休、資遣、離職及解僱，不得因性別或性傾向而有差別待遇。

法　條	內　容
	工作規則、勞動契約或團體協約，不得規定或事先約定受僱者有結婚、懷孕、分娩或育兒之情事時，應行離職或留職停薪；亦不得以其為解僱之理由。 違反前二項規定者，其規定或約定無效；勞動契約之終止不生效力。

4-3 千萬別衝動，勞工的行為，也可認定自行辭職

案例

小華在「勝利公司」擔任技術員，在午休時間與友人聚餐喝酒之後，隨友人到友人的公司咆哮鬧事，經第三人公司通知「勝利公司」將人帶回，小華回到公司還是找人吵架，經理責罵小華，午休時間跑出去喝酒，該上班時不回來上班也不請假，還跑去別的公司鬧事，還沒懲處你，回到公司還要找人吵架，不遵守公司規則，到外面影響公司名譽，如果不改喝酒鬧事的個性，工作要如何做下去？小華仗著酒意，又和經理對罵，經理就叫他先回去冷靜一下。

第二天小華到公司就跟人事專員小明說，昨天經理已經資遣他了，趕快算一下薪資、預告工資、資遣費給他，小明說經理沒有交代資遣事項，需先請示經理，經理告訴小華並沒有資遣他，是因為他昨天喝酒鬧事無法溝通，才叫他先回家冷靜。既然到公司，就去換工作服上班吧，小華仍堅持已經被資遣，無班可上，隨即離去。

小華見「勝利公司」在發薪日只撥付薪資、應休未休休假工資，卻沒有將預告工資、資遣費轉入薪資帳戶因而到法院提起請求「勝利公司」給付預告工資、資遣費訴訟。

解析

法院調查勞雇雙方主張與舉證，判決小華敗訴，主要理由如

下：

1. 《勞基法》第 15 條規定勞工終止勞動契約，準用雇主依據《勞基法》第 11 條終止勞動契約預告期間的規定，此外別無限制，勞工可以隨時終止勞動契約，即使勞工沒有預告何時離職，也不影響勞工決定何時終止勞動契約。

2. 小華向雇主要求辦理資遣手續時，雇主還明白告知沒有要資遣他，且要求小華上班，小華在獲悉沒有遭雇主資遣時，理應上班，但是小華卻執意要求資遣，其實小華就已經沒有在「勝利公司」上班工作的意願，雖然小華沒有遞出辭呈，但是以小華的言行舉止，執意要求「勝利公司」給資遣費不願上班來看，小華就已經主動終止勞動契約。

3. 小華主動終止勞動契約，依據《勞基法》第 18 條規定，小華不得向「勝利公司」請求給付資遣費及預告工資。

參考法條

法　　條	內　　容
《勞動基準法》 第 15 條 第 2 項	不定期契約，勞工終止契約時，應準用第十六條第一項規定期間預告雇主。
《勞動基準法》 第 18 條 第 1 項 第 1 款	有左列情形之一者，勞工不得向雇主請求加發預告期間工資及資遣費： 一、依第十二條或第十五條規定終止勞動契約者。

4-4 留職停薪期間，又到其他公司任職，也算是辭職了

案例

小華向「欣欣公司」請出國進修留職停薪一年，但是在留職停薪半年之後，接受「快樂公司」挖角，跑到「快樂公司」任職。小華到「快樂公司」任職1個月之後，覺得工作環境不如「欣欣公司」，因此也在1個月後立刻離職。

小華在留職停薪一年期滿之前一個月，依照「欣欣公司」的規定，申請在留職停薪期滿復職，但是遭到「欣欣公司」拒絕，「欣欣公司」表示因為小華在留職停薪期間曾經到「快樂公司」任職，小華已經自行辭職了。小華說「欣欣公司」同意他留職停薪，留職停薪期滿就應該讓他復職，留職停薪期間不管小華做什麼，「欣欣公司」應該無權干涉，而且也沒有影響到「欣欣公司」。

因為「欣欣公司」拒絕小華復職，小華就寫了一份存證信函以「欣欣公司」拒絕小華復職，違反《勞基法》第11條、第12條規定，終止勞動契約，並且請求「欣欣公司」給付預告工資與資遣費。「欣欣公司」沒有做任何回覆，小華向法院提起給付預告工資與資遣費訴訟。

律師曾勸小華還是撤回訴訟吧，雖然勞動部前身勞委會曾經於88年台勞資二字第0052355號函釋，認為事業單位不宜於工作規則中訂立「停薪留職期間，發現在其他公司上班或自行營業者」不經預告終止僱用，而應就個別勞動契約約定或者依據個別狀況判定，但是以小華的情形，一定會敗訴，撤回訴訟至少法院還可以退回2/3的裁判費，小華衡量所繳裁判費還算不

高，決定繼續訴訟。

解析

法院審酌勞雇雙方主張舉證，判決小華敗訴，主要理由如下：

1. 小華向「欣欣公司」申請留職停薪一年，小華雖然處於不工作不領薪的狀態，但是小華與「欣欣公司」的勞動契約仍然存在，小華與「欣欣公司」的勞動契約為全職工作人員，不可能在同樣的工作時間又與其他雇主訂立勞動契約，因此小華是默示的終止與「欣欣公司」的勞動契約而與其他雇主另訂「勞動契約」，在小華答應至「快樂公司」任職時，就已經發生與「欣欣公司」終止勞動契約的效力。
2. 小華嗣後又自「快樂公司」離職，也不會因此回復已經終止的與「欣欣公司」的勞動契約。
3. 「欣欣公司」拒絕小華申請留職停薪期滿復職，是因為小華已經自行終止勞動契約，並非「欣欣公司」解僱小華，小華本來就不得請求「欣欣公司」給付資遣費與預告工資。

參考法條

法　　條	內　　容
《勞動基準法》 第 11 條	非有左列情事之一者，雇主不得預告勞工終止勞動契約： 一、歇業或轉讓時。

法條	內容
	二、虧損或業務緊縮時。 三、不可抗力暫停工作在一個月以上時。 四、業務性質變更，有減少勞工之必要，又無適當工作可供安置時。 五、勞工對於所擔任之工作確不能勝任時。
《勞動基準法》 第 12 條 第 1 項	勞工有左列情形之一者，雇主得不經預告終止契約： 一、於訂立勞動契約時為虛偽意思表示，使雇主誤信而有受損害之虞者。 二、對於雇主、雇主家屬、雇主代理人或其他共同工作之勞工，實施暴行或有重大侮辱之行為者。 三、受有期徒刑以上刑之宣告確定，而未諭知緩刑或未准易科罰金者。 四、違反勞動契約或工作規則，情節重大者。 五、故意損耗機器、工具、原料、產品，或其他雇主所有物品，或故意洩漏雇主技術上、營業上之秘密，致雇主受有損害者。 六、無正當理由繼續曠工三日，或一個月內曠工達六日者。
《民法》 第 488 條 第 2 項	僱傭未定期限，亦不能依勞務之性質或目的定其期限者，各當事人得隨時終止契約。但有利於受僱人之習慣者，從其習慣。

法律小寶典

【裁判費】

原告提起民事訴訟或行政訴訟均需繳納裁判費，否則在法院限期繳納未繳時，會遭提起訴訟不合程式駁回。

民事訴訟的裁判費用計算標準規定於《民事訴訟法》第 77 之 13 條、第 77 之 14 條。

原告在法院第一審言詞辯論終結前，撤回起訴，依據《民事訴訟法》第 83 條規定，原告得聲請法院退回起訴時所繳納的 2/3 裁判費。

原告在第一審訴訟程序中與被告達成訴訟和解或者上訴人在該上訴審訴法程序中與被上訴人達成訴訟和解，依據《民事訴訟法》第 84 條規定，原告或者上訴人得聲請法院退回該審級 2/3 的裁判費。

4-5 用 line 向老闆辭職也算是辭職

案例

小華不滿「快樂公司」為了展店人手不足時，需調派支援擴店，向店長反映支援新擴店，會造成上下班交通時間增長，希望調其他店員支援，店長說這是特殊狀況，每個店員都會輪流支援，支援新擴店時，增加上下班通勤時間，也會有交通津貼。

新擴店開幕之後，小華連續兩天都被調至新擴店支援，因為新開幕辦優惠活動，客人多，下班時都筋疲力盡，第 3 天雖然不必調至新擴店，但須回原店上班，正好輪到上早班，小華在回家路上就發 line 給店長，希望請特休假 1 日，店長回 line 說請特休假需事先申請，公司才能調度好接替同仁才行，下班後才申請第二天請特休假，不符合公司請假規定，不准請假，需來上班，小華就回 line 那我辭職好了。

第 2 天小華果然沒上班，店長打電話給他，小華也不接電話，直到中午睡醒的時候，小華看到手機 N 通未接來電，小華一肚子火，發 line 給店長，我已經辭職了，為什麼還奪命連環 call，不用記我曠職，記得把薪水撥入我帳戶。

小華的媽媽下班回來，才知道小華鬧脾氣不上班，把小華數落一頓。第 3 天小華只好再回店裡上班。

小華到店裡上班時，小華的員工卡已經無法感應打卡，店長告訴他，你昨天已經辭職了，已經把離職手續轉給人事處理，正好你來了，就順便辦理離職手續。小華說 line 上說辭職是亂說的，而且也沒填離職申請書，應該還沒生效，願意記曠職1日，請讓他繼續上班。

「快樂公司」還是認定小華已經辭職了。

小華提起訴訟，主張 line 上說辭職，不符合公司規定，應屬無效，而且在發 line 辭職之後第 3 天，已到店裡向店長表示 line 上說辭職是亂說的，撤回辭職意思表示，僱傭關係仍然存在，應在復職日前繼續給付薪資。

解析

法院判決小華敗訴，主要理由如下：

1. 「快樂公司」雖然比照《勞基法》第 15 條規定，建立勞工自請離職的規則，並設計各項離職表單與交接程序，但是《勞基法》第 15 條規定勞工終止勞動契約，準用雇主依據《勞基法》第 11 條終止勞動契約預告期間的規定，此外別無限制，勞工可以隨時終止勞動契約，即使勞工沒有預告何時離職，也不影響勞工決定何時終止勞動契約。勞工自請離職，取決於勞工的自由意志，而不是勞工有無依據雇主規定的離職程序辭職，勞工即使未依據雇主規定的離職程序辭職，也不影響勞工終止勞動契約的權利。

2. 非對話意思表示以意思表示通知到達相對人，發生效力，《民法》第 95 條訂有明文。終止勞動契約為單方的意思表示，當意思表示送達契約相對人，就發生效力。Line 為現今人民流行使用的通訊軟體，在通訊軟體所為意思表示，也屬發送意思表示的方式，小華以 line 發辭職意思表示，當「快樂公司」的店長要求小華上班，小華仍以 line 表示已經辭職了，可證小華的終止勞動契約意思表示已經送達「快樂公司」發生效力。

3 小華雖然主張發 line 辭職後第 3 天就到工作場所，向店長表示撤回辭職意思表示，已生效的意思表示無法撤回，只有是否可撤銷意思表示，但是依據《民法》第 88 條、第 92 條規定，只有意思表示錯誤或被詐欺、脅迫，才可以撤銷意思表示。小華發 line 辭職，並無意思表示錯誤或被詐欺、脅迫的情形，自無從撤銷意思表示。

4 小華發 line 辭職，在店長收到 line，並回報公司之後，已發生辭職效力，勞動契約已經終止，不得請求「快樂公司」給付至復職日的薪水。

參考法條

法　　條	內　　容
《勞動基準法》 第 15 條 第 2 項	不定期契約，勞工終止契約時，應準用第十六條第一項規定期間預告雇主。
《勞動基準法》 第 18 條 第 1 項 第 1 款	有左列情形之一者，勞工不得向雇主請求加發預告期間工資及資遣費： 一、依第十二條或第十五條規定終止勞動契約者。
《民法》 第 88 條	意思表示之內容有錯誤，或表意人若知其事情即不為意思表示者，表意人得將其意思表示撤銷之。但以其錯誤或不知事情，非由表意人自己之過失者為限。 當事人之資格或物之性質，若交易上認為重要者，其錯誤，視為意思表示內容之錯誤。

法　　條	內　　容
《民法》 第 92 條 第 1 項前段	因被詐欺或被脅迫而為意思表示者，表意人得撤銷其意思表示。
《民法》 第 95 條 第 1 項前段	非對話而為意思表示者，其意思表示，以通知達到相對人時，發生效力。
《民法》 第 488 條 第 2 項	僱傭未定期限，亦不能依勞務之性質或目的定其期限者，各當事人得隨時終止契約。但有利於受僱人之習慣者，從其習慣。

給受僱人的話

勞工工作時應遵守工作規則，請假規則也屬公司工作規則一環，除了是雇主不合理要求之外，勞工如需請假，本應依照公司所規定之請假程序為之。

案例編

05

錢要算清楚

——薪資的問題

5-1 雇主對於勞工薪資所得要核實提撥勞工退休金

案例

小華擔任「閃光公司」的技術員，工作 6 個月之後，「閃光公司」以小華能力不足，不能勝任工作的理由，將他資遣，到底是不是不能勝任工作，小華也不想計較，既然老闆不喜歡他，不如另謀他就好了。

找了 1 個月工作，小華都沒找到新工作，因此就刷一下存摺，看看資遣費入帳了沒有，雖然「閃光公司」已經將資遣費撥入帳戶，但是小華覺得怪怪的，為什麼離職時每個月薪資為新臺幣 3 萬元，資遣費卻只有新臺幣 5500 元？因此小華詢問公司是不是算錯了，公司告訴他沒有錯，因為本薪是新臺幣 22000 元，其餘是績效獎金、交通費，所以每個月薪資才會有新臺幣 3 萬元，以小華離職時每個月本薪 22000 元計算資遣費，服務滿 6 個月年資，計算資遣費為 0.25 個月的本薪沒有錯。

小華於是到勞工局申請勞資爭議調解但是「閃光公司」根本不到場，這樣情形只有走法律訴訟一途，為了確認雇主是不是少給他資遣費，小華向律師尋求諮商。

律師告訴小華所謂「薪資」，不是只有本薪而已，依據《勞基法》第 2 條第 1 項第 3 款規定，「薪資」除了工資名目外，還包括各項名目的經常性給與，比如說，小華的薪資計算方式為「本薪」+「績效獎金」+「交通費」，「績效獎金」、「交通費」實際上都是經常性給與，並不是因某項原因特殊給予的收入，所以「績效獎金」與「交通費」都應該歸入小華的薪資，雇主在計算資遣費應該全額列入計算，勞工退休金核撥也應以全額列入核撥，不足的部分，雇主都應補足。

因為要補的差額在新臺幣 10 萬元以下，小華就用法院備置的簡易書表，提起小額訴訟。

解析

法院判決小華勝訴，主要理由如下：

1. 所謂「薪資」，依據《勞基法》第 2 條第 1 項第 3 款規定「工資：謂勞工因工作而獲得之報酬；包括工資、薪金及按計時、計日、計月、計件以現金或實物等方式給付之獎金、津貼及其他任何名義之經常性給與均屬之。」，「閃光公司」每個月支付給小華的薪資都是本薪、績效獎金與交通費，合計為新臺幣 3 萬元，「績效獎金」與「交通費」名目上都不是「薪資」，但是實際上都是經常性給與，仍然屬於「薪資」性質。

2. 小華屬於適用《勞工退休金條例》的勞工，依據《勞工退休金條例》第 12 條第 1 項規定「資遣費由雇主按其工作年資，每滿一年發給二分之一個月之平均工資，未滿一年者，以比例計給。」，小華離職前 6 個月薪資，每個月均為新臺幣 3 萬元，一個月之平均工資為 3 萬元，因此資遣費應為新臺幣 7500 元 (30000 元 × 1/2 × 6/12 = 7500 元)，「閃光公司」只給小華資遣費新臺幣 5500 元，尚欠新臺幣 2000 元，應支付給小華。

3. 依據《勞工退休金條例》第 14 條規定，雇主應為勞工提撥每月工資至少 6% 的退休金，而且提撥的薪資標準，是以勞工的薪資列在勞保局之「提撥薪資分級表」為準。小華實際薪資為新臺幣 30000 元，列在「提撥薪資分級表」新臺幣 30300 元級距，「閃光公司」在小華任職期間，應每月為小華提撥新臺幣 1818 元 (30300 元 × 6% = 1818 元)，但是「閃光公司」以小華薪資為新臺幣 22000 元的標準，列在勞保局之提撥薪資分級表的新臺幣 22800 元級距，「閃光公司」在小華任職期間，實際上每月提撥新臺幣 1368 元，每月短少提撥新臺幣 450 元 (1818 元 – 1368 元 = 450 元)，因此「閃光公司」須補足新臺幣 2700 元 (450 元 × 6 = 2700 元) 至小華的勞工退休金提撥帳戶。

參考法條

法　　條	內　　容
《勞動基準法》 第 2 條 第 1 項 第 3 款、第 4 款	本法用辭定義如左…… 三、工資：謂勞工因工作而獲得之報酬；包括工資、薪金及按計時、計日、計月、計件以現金或實物等方式給付之獎金、津貼及其他任何名義之經常性給與均屬之。 四、平均工資：謂計算事由發生之當日前六個月內所得工資總額除以該期間之總日數所得之金額。工作未滿六個月者，謂工作期間所得工資總額除以工作期間之總日數所得之金額。工資按工作日數、時數或論件計算者，其依上述方式計算之平均工資，如少於該期內工資總額除以實際工作日數所得金額百分之六十者，以百分之六十計。

法　　條	內　　容
《勞工退休金條例》 第 12 條 第 1 項、第 2 項	勞工適用本條例之退休金制度者，適用本條例後之工作年資，於勞動契約依勞動基準法第十一條、第十三條但書、第十四條及第二十條或職業災害勞工保護法第二十三條、第二十四條規定終止時，其資遣費由雇主按其工作年資，每滿一年發給二分之一個月之平均工資，未滿一年者，以比例計給；最高以發給六個月平均工資為限，不適用勞動基準法第十七條之規定。 依前項規定計算之資遣費，應於終止勞動契約後三十日內發給。
《勞工退休金條例》 第 14 條 第 1 項、第 5 項	雇主應為第七條第一項規定之勞工負擔提繳之退休金，不得低於勞工每月工資百分之六。 …… 前四項所定每月工資，由中央主管機關擬訂月提繳工資分級表，報請行政院核定之。

法律小寶典

【小額訴訟】

依據《民事訴訟法》第 436 條之 8 規定，凡是原告向被告請求給付的內容，是金錢或其他代替物或有價證券，而且請求給付的金額或價額，在新臺幣十萬元以下的訴訟事件。

因為金額小，為求快速，可以使用表格化書狀，地方法院聯合服務中心或者司法院網站也都會備有表格化書狀，提供小額訴訟當事人使用。

給雇主的話

勞工退休金提撥標準是依據雇主申報勞工勞保投保薪資而來，如果雇主以多報少，將造成勞工提撥退休金金額減少，一經查獲，仍須補繳，且還觸犯偽造業務文書罪責，得不償失。

5-2 勞保以多報少，造成短少的失業給付，老闆要負責

案例

小明在「閃光公司」擔任品保專員已經有 5 年時間，長期以來，公司對於勞工薪資都是以多報少，讓小明感到不平，因為以多報少的結果會造成各項勞保給付的利益減損，小明向人事部門反映應核實申報勞保投保薪資，人事部門則向小華表示，小明的薪資結構為本薪、職務津貼、工作津貼、全勤獎金。職務津貼、工作津貼、全勤獎金都是非固定性給予，勞保投保以本薪投保沒有錯誤。

因為無法得到解決，小明向公司發出存證信函，主張公司對於他的薪資以多報少，違反《勞工保險條例》規定，因此引用《勞基法》第 14 條第 1 項第 6 款規定，終止勞動契約，並且請求公司給付資遣費。公司就回覆小明，小明終止勞動契約不符合《勞基法》第 14 條第 1 項第 6 款規定，屬於自行辭職，不得請求資遣費。

小明向勞工局申請勞資爭議調解，關於資遣費部分，勞資雙方調解成立，約定公司於 30 日內撥入小明銀行帳戶。但是勞保以多報少的問題，導致小明申請失業給付的金額減少，雙方沒有交集，小明因此向法院提起訴訟，主張公司對他的薪資以多報少，導致小明申請失業給付的金額不足，不足的差額應由「閃光公司」賠償。

解析

法院判決小明勝訴，主要理由如下：

1. 在訴訟期間，勞保局也認為「閃光公司」對於所屬勞工投保薪資有以多報少的情形，經勞動部依據《勞工保險條例》第 72 條第 3 項規定裁處罰鍰，這項事實也成為小明提起損害賠償訴訟時的有力證明。

2. 小明的薪資結構有各項名目：「本薪」新臺幣 22000 元、「職務津貼」新臺幣 5000 元、「工作津貼」新臺幣 3000 元、「全勤獎金」新臺幣 1000 元，其中「本薪」新臺幣 22000 元、「職務津貼」新臺幣 5000 元、「工作津貼」新臺幣 3000 元每月薪資都會支付，「全勤獎金」新臺幣 1000 元必須勞工全月上班日均上班未請事假才會撥付，但也是勞工服勞務的代價。按照《勞基法》第 2 條第 1 項第 3 款規定「工資：謂勞工因工作而獲得之報酬；包括工資、薪金及按計時、計日、計月、計件以現金或實物等方式給付之獎金、津貼及其他任何名義之經常性給與均屬之。」、《勞基法施行細則》第 10 條第 1 項第 2 款之非經常性獎金為非經常性給與之定義，小明的每月薪資結構「本薪」新臺幣 22000 元、「職務津貼」新臺幣 5000 元、「工作津貼」新臺幣 3000 元、「全勤獎金」新臺幣 1000 元，屬於經常性給與，合計每月薪資為新臺幣 31000 元（22000 元 + 5000 元 + 3000 元 + 1000 元 = 31000 元）。

3. 小明的薪資結構：「本薪」、「職務津貼」、「工作津貼」、「全勤獎金」均屬固定性給與，每月薪資應為新臺幣 31000 元，雇主應該申報小明的勞保實際投保薪資每月為新臺幣 31000 元，依據「勞工投保薪資分級表」月投保薪資為新臺幣 31800 元，但是「閃光公司」卻以小明的「本薪」新臺幣 22000 元申報每月薪資，依據「勞工投保薪資分級表」月投保薪資為新臺幣 22800 元，實屬將勞工投保薪資以多報少，違反《勞工保險條例》規定，小明以雇主違反勞動法令為由終止勞動契約，符合《勞基法》第 14 條第 1 項第 6 款規定，不須預告而終止勞動契約。

4 小明依《勞基法》第 14 條第 1 項第 6 款規定，終止勞動契約，依《就業保險法》第 11 條第 3 項規定，屬非自願離職，小明得請求雇主開立「非自願離職證明書」。

5 《就業保險法》第 5 條、第 6 條規定，年滿 15 歲以上，65 歲以下之具中華民國國籍的受僱勞工，應以其雇主或所屬機構為投保單位，參加就業保險為被保險人，雇主申報勞工參加勞工保險時，勞工當然取得就業保險的被保險人身分；依據《就業保險法》第 11 條第 1 項第 1 款規定，失業給付得請領條件如下：被保險人於非自願離職辦理退保當日前 3 年內，保險年資合計滿 1 年以上，具有工作能力及繼續工作意願，向公立就業服務機構辦理求職登記，自求職登記之日起 14 日內仍無法推介就業或安排職業訓練；《就業保險法》第 16 條第 1 項規定，失業給付按申請人離職辦理本保險退保之當月起前 6 個月平均月投保薪資 60% 按月發給，最長發給 6 個月，但申請人離職辦理本保險退保時已年滿 45 歲或領有社政主管機關核發之身心障礙證明者，最長發給 9 個月；投保單位違反《就業保險法》之規定，將投保薪資金額以多報少者，《就業保險法》第 38 條第 3 項規定，勞工因此所受損失，應由投保單位賠償給勞工，因此雇主未按勞工實際薪資覈實投保勞工保險，致勞工請領的「失業給付」短少者，雇主即應負賠償責任。

6 小明未滿 45 歲，離職前 6 個月平均工資為新臺幣 31000 元，依其離職時適用之「勞工保險」投保薪資分級表，月投保薪資應為新臺幣 31800 元的級距，小明符合請領 6 個月失業給付的資格，原本可以領得新臺幣 114480 元（計算式：31800 元 × 60% × 6 = 114480 元），由於「閃光公司」以小明的「本薪」新臺幣 22000 元申報每月薪資，導致小明的月投保薪資列於「勞工投保薪資分級表」月投保薪資為新臺幣 22800 元級距，小明只能領得失業給付新臺幣 82080 元（計算式：22800 元 × 60% × 6 = 82080 元），短少的新臺幣 32400 元（計算式：114480 元 – 82080 元= 32400 元），為小明所受損害，應由「閃光公司」賠償給小明。

參考法條

法條	內容
《勞動基準法》 第 14 條 第 1 項 第 6 款	有下列情形之一者，勞工得不經預告終止契約…… 六、雇主違反勞動契約或勞工法令，致有損害勞工權益之虞者。
《勞工保險條例》 第 72 條 第 3 項	投保單位違反本條例規定，將投保薪資金額以多報少或以少報多者，自事實發生之日起，按其短報或多報之保險費金額，處四倍罰鍰，並追繳其溢領給付金額。勞工因此所受損失，應由投保單位賠償之。

法　條	內　容
《就業保險法》 第 5 條 第 1 項 第 1 款	年滿十五歲以上，六十五歲以下之下列受僱勞工，應以其雇主或所屬機構為投保單位，參加本保險為被保險人： 一、具中華民國國籍者。
《就業保險法》 第 6 條 第 1 項	本法施行後，依前條規定應參加本保險為被保險人之勞工，自投保單位申報參加勞工保險生效之日起，取得本保險被保險人身分；自投保單位申報勞工保險退保效力停止之日起，其保險效力即行終止。
《就業保險法》 第11條 第 1 項 第 1 款 第 3 項	本保險各種保險給付之請領條件如下： 一、失業給付：被保險人於非自願離職辦理退保當日前三年內，保險年資合計滿一年以上，具有工作能力及繼續工作意願，向公立就業服務機構辦理求職登記，自求職登記之日起十四日內仍無法推介就業或安排職業訓練。 …… 本法所稱非自願離職，指被保險人因投保單位關廠、遷廠、休業、解散、破產宣告離職；或因勞動基準法第十一條、第十三條但書、第十四條及第二十條規定各款情事之一離職。
《就業保險法》 第 38 條 第 3 項	投保單位違反本法規定，將投保薪資金額以多報少或以少報多者，自事實發生之日起，按其短報或多報之保險費金額，處四倍罰鍰，其溢領之給付金額，經保險人通知限期返還，屆期未返還者，依法移送強制執行，並追繳其溢領之給付金額。勞工因此所受損失，應由投保單位賠償之。

給雇主的話

受雇勞工須由雇主加保勞保，雇主須依據勞工實際薪資投保勞保，如果以多報少或以少報多，都違反《勞工保險條例》的規定，會遭受罰鍰處分，還是誠實申報為上策。

5-3 資遣費的計算

案例

小雲自 92 年 3 月 1 日起就在「花花餐飲」任職，於 94 年 7 月 1 日《勞工退休金條例》施行後，小雲選擇適用新制。106 年 1 月 1 日「花花餐飲」無預警歇業，另一勞工小莉自 100 年 12 月 1 日起任職於「花花餐飲」，兩人都不知道老闆跑哪了，唯一知道的是想要領薪水、資遣費，只能靠法律途徑。

「花花餐飲」因為勞工人數不滿 5 人，不屬於強制投保勞保單位，雇主沒有辦理勞保，因此雇主沒有繳交「工資墊償基金」，小雲、小莉無法向勞保局申請工資、資遣費墊償，所幸「花花餐飲」原屬於老商號了，至少還有提撥「勞工退休準備金」專戶，也還有一些生財器具，小雲與小莉如果要從中獲償，需要提起訴訟。

小雲、小莉到事務所委託律師時，愁眉苦臉，律師先了解小雲、小莉被積欠的工資有多少，雇主歇業前 6 個月，小雲、小莉的薪資所得狀況，以計算平均工資，作為計算資遣費的標準，對「花花餐飲」提起請求給付資遣費、積欠工資、預告工資、特休日未休工資訴訟。

解析

法院經過調查後，判決小雲、小莉勝訴，主要理由如下：

1. 計算資遣費是以月平均工資（註）作為計算標準，《勞基法》第 2 條第 4 款對於「平均工資」定義，屬於「日平均工資」之意，

《勞基法》暨《勞基法施行細則》對於「一個月平均工資」並無定義，該怎麼計算月平均工資，「勞動部」組改前之「勞委會」在 83 年 4 月 9 日勞動 2 字第 25564 號函釋，以事由發生前 6 個月工資總額直接除以六計算。

小雲 105 年 7 月至 105 年 12 月薪資如下：

(1) 105 年 7 月本薪新臺幣 25000 元、加班費新臺幣 1341 元，合計為新臺幣 26341 元。

(2) 105 年 8 月本薪新臺幣 25000 元、請事假 5 日，扣新臺幣 8064 元，合計為新臺幣 16936 元。

(3) 105 年 9 月本薪新臺幣 25000 元、中秋獎金新臺幣 1000 元、加班費新臺幣 8333 元，合計為新臺幣 34333 元。

(4) 105 年 10月 本薪新臺幣 25000 元、請事假 5 日扣新臺幣 8064 元，合計為新臺幣 16936 元。

(5) 105 年 11 月本薪新臺幣 25000 元。

(6) 105 年 12 月本薪新臺幣 25000 元。

小雲 105 年 7 月至 105 年 12 月所獲薪資中，中秋獎金屬非固定性給與，不計入每月薪資，加班費屬薪資須計入，所以小雲的平均工資為新臺幣 23924 元【計算式：（26341 元 + 16936 元+ 33333 元 + 16936 元 + 25000 元 + 25000 元）÷ 6 = 23924 元】

小莉 105 年 7 月至 105 年 12 月薪資如下：

(1) 105 年 7 月本薪新臺幣 25000 元，請產假，薪資照付。

(2) 105 年 8 月本薪新臺幣 25000 元，請病假 10 日，扣新臺幣 4032 元，合計為新臺幣 20968 元。

(3) 105 年 9 月本薪新臺幣 25000 元、中秋獎金新臺幣 1000 元，合計為新臺幣 26000 元。

(4) 105 年 10 月本薪新臺幣 25000 元、請家庭照顧假 5 日扣新臺幣 8064 元，合計為新臺幣 16936 元。

(5) 105 年 11 月本薪新臺幣 25000 元、假日工資新臺幣 833 元，合計為新臺幣 25833 元。

(6) 105 年 12 月本薪新臺幣 25000元

小莉的薪資狀況比較複雜了，依據《勞基法施行細則》第 2 條規定意旨，勞工依請假規則請普通傷病假者、依性別工作平等法請產假、家庭照顧假，致減少工資，均不列入平均工資計算。所以在計算平均工資時，小莉 105 年 8 月的薪資仍以 25000 元計算，小莉 105 年 10 月的薪資仍以新臺幣 25000 元計算，已領的「假日工資」屬於經常性給與，小莉 105 年 11 月的薪資以新臺幣 25833 元計算。

在上述的計算原則下，小莉的平均工資為新臺幣 25139 元【計算式：（25000 元＋25000 元＋25000 元＋25000 元＋25833 元＋25000 元）÷6＝25139 元】。

2 確定好兩人的平均工資數額之後，就要來看年資了。小雲的工作年資跨越勞退新舊制，小莉為適用新制，因此計算方式有所不同。

資遣費因為採勞退舊制、新制而有不同算法：

(1) 舊制：雇主依據《勞基法》第 11 條、第 13 條但書、第 20 條、《職業災害勞工保護法》第 23 條或勞工依據《勞基法》第 14 條、《職業災害勞工保護法》第 24 條終止勞動契約的話，應依規定發給勞工資遣費，根據《勞基法》第17條規定，在同一雇主的事業單位繼續工作，每滿1年發給相當於1個月平均工資的資遣費；這樣計算之下有剩餘月數，或工作未滿1年的話，以比例計給之。未滿1個月者以1個月計。

(2) 新制：《勞工退休金條例》第 12 條規定，適用本條例後的工作年資，於勞動契約依《勞基法》第 11 條、第 13 條但書、第 14 條及第 20 條或《職業災害勞工保護法》第 23 條、第 24 條規定終止時，其資遣費由雇主按其工作年資，每滿 1 年發給 1/2 個月的平均工資，未滿 1 年者，以比例計給；最高以發給 6 個月平均工資為限，不適用《勞基法》第 17 條之規定。

3 小雲的資遣費為新臺幣 193386 元計算方式如下：

小雲的年資跨越勞退新舊制，而且小雲在《勞工退休金條例》施行時選擇適用新制，因此計算資遣費時要分成適用《勞基法》的年資與適用《勞工退休金條例》的年資而有不同計算方式：

(1) 適用《勞基法》的年資，資遣費為新臺幣 55823 元：

92 年 3 月 1 日起至 94 年 6 月 30 日止，年資為 2 又 1/3 年計算如下：

23924 元 × 2 又 1/3 年 = 55823 元

(2) 適用《勞工退休金條例》的年資，資遣費為新臺幣 137563 元：

94 年 7 月 1 日起至 105 年 12 月 31 日止，年資為 11 又 1/2 年計算如下：

23924 元 × 11 又 1/2 年 × 1/2 = 137563 元

(3) 小雲可以請求的資遣費就是兩者合計為新臺幣 193386 元（計

算式：55823 元＋137563 元＝193386 元）。

4 小莉的資遣費為新臺幣 63895 元計算方式如下：

小莉在 100 年 12 月 1 日任職，已在《勞工退休金條例》施行之後，小莉就是單純適用新制，計算資遣費：

(1) 小莉自 100 年 12 月 1 日起至 105 年 12 月 31 日止年資為 5 又 1/12 年

計算如下：

25139 元 × 5 又 1/12 年 × 1/2＝63895 元

(2) 小莉可以請求的資遣費為新臺幣 63895 元

5 雇主歇業，按照《勞基法》第 11 條第 1 項第 1 款規定，雇主歇業時得預告勞工終止勞動契約。「花花餐飲」無預警歇業，沒有給勞工預告期間，依據《勞基法》第 16 條第 3 項規定，應給付預告期間工資。預告工資的計算方式，按照勞委會未成立前之內政部 (75) 台內勞字第 419200 號函釋，以平均工資標準計給。小雲、小莉在「花花餐飲」工作期間都滿 3 年以上，預告期間為 30 日，小雲可請求雇主 30 日平均工資新臺幣 23924 元、小莉可請求雇主 30 日平均工資新臺幣 25139 元。

6 在終止勞動契約，小雲還有 3 日特休假未休完，依據《勞基法》第 38 條第 4 項規定，雇主須發給特休假工資新臺幣 2392 元（25000 元 ÷ 30 日＝833.33 元，833.33 元 × 3＝2500 元）。

7 雇主須給付積欠的小雲 105 年 12 月份薪資新臺幣 25000 元、小莉 105 年 12 月份薪資新臺幣 25000 元。

8 總計雇主應給付小雲新臺幣 244810 元、小莉新臺幣 114034 元：

(1) 小雲可請求數額計算式如下：

資遣費 + 預告工資 + 積欠薪資 + 應休未休特休假工資 = 193386 元 + 23924 元 + 25000 元 + 2500 元 = 244810元

(2) 小莉可請求數額計算式如下：

資遣費 + 預告工資 + 積欠薪資 = 63895 元 + 25139 元 + 25000 元 = 114034 元

9 通常遲延利息的算法是在原告請求後之翌日起算，但是雇主因歇業而資遣勞工須支付資遣費，並應在終止勞動契約後 30 日內發給勞工，《勞基法》第 17 條定有明文，「花花餐飲」在 106 年 1 月 1 日無預警歇業，可以認定雇主在 106 年 1 月 1 日終止勞動契約，資遣費本有 30 日之給付期間，所以雇主須支付小雲資遣費新臺幣 193386 元、小莉資遣費新臺幣 63895 元，自 106 年 2 月 1 日起至清償日止按年息 5% 計算遲延利息，其餘金額自起訴狀繕本送達翌日起至清償日止按年息 5% 計算遲延利息。

參考法條

法　條	內　容
《勞動基準法》 第 11 條 第 1 項 第 1 款	非有左列情事之一者，雇主不得預告勞工終止勞動契約： 一、歇業或轉讓時。
《勞動基準法》 第 16 條 第 1 項、第 3 項	雇主依第十一條或第十三條但書規定終止勞動契約者，其預告期間依左列各款之規定： 一、繼續工作三個月以上一年未滿者，於十日前預告之。

法　條	內　容
	二、繼續工作一年以上三年未滿者，於二十日前預告之。 三、繼續工作三年以上者，於三十日前預告之。 …… 雇主未依第一項規定期間預告而終止契約者，應給付預告期間之工資。
《勞動基準法》 第 17 條	雇主依前條終止勞動契約者，應依下列規定發給勞工資遣費： 一、在同一雇主之事業單位繼續工作，每滿一年發給相當於一個月平均工資之資遣費。 二、依前款計算之剩餘月數，或工作未滿一年者，以比例計給之。未滿一個月者以一個月計。 前項所定資遣費，雇主應於終止勞動契約三十日內發給。
《勞動基準法》 第 38 條 第 1 項、第 4 項	勞工在同一雇主或事業單位，繼續工作滿一定期間者，應依下列規定給予特別休假： 一、六個月以上一年未滿者，三日。 二、一年以上二年未滿者，七日。 三、二年以上三年未滿者，十日。 四、三年以上五年未滿者，每年十四日。 五、五年以上十年未滿者，每年十五日。 六、十年以上者，每一年加給一日，加至三十日為止。

法　　條	內　　容
	…… 勞工之特別休假，因年度終結或契約終止而未休之日數，雇主應發給工資。但年度終結未休之日數，經勞雇雙方協商遞延至次一年度實施者，於次一年度終結或契約終止仍未休之日數，雇主應發給工資。
《勞動基準法施行細則》 第 2 條 第 1 項 第 1 款、第 5 款、第 6 款	依本法第二條第四款計算平均工資時，下列各款期日或期間均不計入： 一、發生計算事由之當日。 …… 五、依勞工請假規則請普通傷病假者。 六、依性別工作平等法請生理假、產假、家庭照顧假或安胎休養，致減少工資者。
《勞工退休金條例》 第 12 條 第 1 項、第 2 項	勞工適用本條例之退休金制度者，適用本條例後之工作年資，於勞動契約依勞動基準法第十一條、第十三條但書、第十四條及第二十條或職業災害勞工保護法第二十三條、第二十四條規定終止時，其資遣費由雇主按其工作年資，每滿一年發給二分之一個月之平均工資，未滿一年者，以比例計給；最高以發給六個月平均工資為限，不適用勞動基準法第十七條之規定。 依前項規定計算之資遣費，應於終止勞動契約後三十日內發給。

參考解釋

解釋文號	內　容
內政部 (75) 台內勞字第 419200 號函釋	雇主依勞動基準法第十一條或第十三條但書規定終止勞動契約時，應依同法第十六條第一項之規定期間預告勞工。若未依規定期間預告而終止契約者，應給付預告期間之工資，該預告期間工資可依平均工資標準計給。

法律小寶典

【「勞工退休準備金」專戶】

「勞工退休準備金」專戶規範於《勞基法》第 56 條，對於適用勞退舊制的勞工或者在勞工退休金條例施行後，雇主還有適用舊制年資的勞工，雇主須在臺灣銀行設立「勞工退休準備金」專戶，依勞工每月薪資總額百分之 2 至百分之 15 範圍內，按月提撥勞工退休準備金，專戶存儲，並不得作為讓與、扣押、抵銷或擔保之標的。該準備金之所有權屬於雇主，是為了未來勞工如符合退休條件時，事業單位可用於支付勞工退休金預為準備的制度。

依據《勞工退休準備金提撥及管理辦法》第 5 條第 2 項規定，事業單位如果歇業，其「勞工退休準備金」未能依程序支用時，勞工可以憑資遣費執行名義請求當地勞工局召開資遣費請求人會議，指定臺灣銀行由「勞工退休準備金」專戶核撥給勞工。

註：關於平均工資計算，106 年 6 月 16 日修正《勞基法施行細則》第 2 條第 1 項第 5 款、第 6 款規定，在計算平均工資的期間不計入依《勞工請假規則》申請傷病假期間、依據《性別工作平等

法》申請生理假、產假、家庭照照顧假、安胎休假致減少工資者，將以往勞動部函釋明文化，因為本案例發生於 6 月 16 日之前，基於法律不溯及既往原則，本案例仍以勞動部解釋函作為計算平均工資基礎，日後如有發生於 106 年年 6 月 16 日之後者，計算平均工資時，就以《勞基法施行細則》第 2 條第 1 項第 5 款、第 6 款規定做計算標準即可。

5-4 特休假工資可以算入平均工資嗎？

案例

華叔在「永續公司」任職到65歲退休，華叔於《勞工退休金條例》施行時選擇適用舊制，公司在退休次月，也就是106年5月2日將退休金匯入華叔的薪資帳戶，並且電郵寄給華叔退休金明細。華叔認為《勞基法》第38條已經修改成未修完的特休假要折核薪資支付給勞工，退休前6個月，除每個月領新臺幣60000元薪資之外，106年3月收取的薪資還包括105年度應休未休的特休假工資新臺幣20000元，公司在計算支付退休金時，沒有將應休未休的特休假工資新臺幣20000元計入平均工資，導致退休金少計，因此要求公司補足退休金差額。

按照華叔的算法，他在公司的年資為12年，因此依據《勞基法》第55條規定，核發24個月平均工資，應該發給新臺幣152萬元【計算式：$60000 × 6 + $20000 = $380000，($380000 ÷ 6) × 24 = $1520000】，但是公司發給他退休金為新臺幣144萬元（計算式：$60000 × 24 = $1440000），還須補發新臺幣8萬元差額（計算式：1520000 – $1440000 = $80000）。

公司則告訴華叔，退休金已經全額發給華叔，沒有積欠，華叔因此向法院提起訴訟，希望由法院判斷誰的算法對。

解析

法院判決華叔敗訴，主要理由如下：

1. 依據《勞基法》第 2 條、《勞基法施行細則》第 10 條的定義，所謂工資，是指勞工的勞力所得，屬於勞動之對價，且須為經常性的給與。所謂經常性的給與，即使在時間上、金額上不固定，只要在一般情形下經常可以領得的給付都算是，在制度上有經常性者，即得列入平均工資。

2. 105 年 12 月 21 日《勞基法》第 38 條修正 106 年 1 月 1 日開始施行，及 106 年 6 月 16 日《勞基法施行細則》第 24 條、第 24 條之 1 修正，對於勞工並未排定特別休假日數時，於「年度終結」雇主須發給未休日數工資。有關雇主發給勞工因年度終結或契約終止未休之特別休假工資，應否計入平均工資計算疑義，勞動部於 106 年 7 月 2 日勞動條 2 字第 1060131476 號函釋，關於勞工並未排定之特別休假日數，其於「年度終結」雇主發給之未休日數工資，因係屬勞工全年度未休假而工作之報酬，於計算平均工資時，上開工資究有多少屬於平均工資之計算期間內，法無明定，由勞雇雙方議定之。至於勞工於「契約終止」時仍未休完特別休假，雇主所發給特別休假未休日數之工資，因屬終止契約後所得，得不併入平均工資計算。

3. 「年度終結」雇主發給勞工之應休未休日數工資，因為法無明文規定須計入平均工資計算，有賴勞資協商，本件勞資雙方未曾協商將「年度終結」雇主發給勞工之應休未休日數工資計入平均工資項目，尚無法單憑勞方片面意旨計入平均工資。

4 雇主在計算平均工資時未計入「年度終結」雇主發給勞工之應休未休日數工資，亦無違誤，因此對於撥付給華叔的退休金並沒有短計。

參考法條

法　　條	內　　容
《勞動基準法》 第 2 條 第 1 項 第 3 款、第 4 款	本法用辭定義如左…… 三、工資：謂勞工因工作而獲得之報酬；包括工資、薪金及按計時、計日、計月、計件以現金或實物等方式給付之獎金、津貼及其他任何名義之經常性給與均屬之。 四、平均工資：謂計算事由發生之當日前六個月內所得工資總額除以該期間之總日數所得之金額。工作未滿六個月者，謂工作期間所得工資總額除以工作期間之總日數所得之金額。工資按工作日數、時數或論件計算者，其依上述方式計算之平均工資，如少於該期內工資總額除以實際工作日數所得金額百分之六十者，以百分之六十計。
《勞動基準法》 第 38 條 第 1 項、第 4項	勞工在同一雇主或事業單位，繼續工作滿一定期間者，應依下列規定給予特別休假： 一、六個月以上一年未滿者，三日。 二、一年以上二年未滿者，七日。 三、二年以上三年未滿者，十日。 四、三年以上五年未滿者，每年十四日。

法　條	內　容
	五、五年以上十年未滿者，每年十五日。 六、十年以上者，每一年加給一日，加至三十日為止。 …… 勞工之特別休假，因年度終結或契約終止而未休之日數，雇主應發給工資。但年度終結未休之日數，經勞雇雙方協商遞延至次一年度實施者，於次一年度終結或契約終止仍未休之日數，雇主應發給工資。
《勞動基準法》 第 55 條 第 1 項 第 1 款 第 2 項	勞工退休金之給與標準如下： 一、按其工作年資，每滿一年給與兩個基數。但超過十五年之工作年資，每滿一年給與一個基數，最高總數以四十五個基數為限。未滿半年者以半年計；滿半年者以一年計。 前項第一款退休金基數之標準，係指核准退休時一個月平均工資。
《勞動基準法施行細則》 第 10條	本法第二條第三款所稱之其他任何名義之經常性給與係指左列各款以外之給與。 一、紅利。 二、獎金：指年終獎金、競賽獎金、研究發明獎金、特殊功績獎金、久任獎金、節約燃料物料獎金及其他非經常性獎金。 三、春節、端午節、中秋節給與之節金。 四、醫療補助費、勞工及其子女教育補助費。 五、勞工直接受自顧客之服務費。

法　　條	內　　容
	六、婚喪喜慶由雇主致送之賀禮、慰問金或奠儀等。 七、職業災害補償費。 八、勞工保險及雇主以勞工為被保險人加入商業保險支付之保險費。 九、差旅費、差旅津貼及交際費。 十、工作服、作業用品及其代金。 十一、其他經中央主管機關會同中央目的事業主管機關指定者。
《勞動基準法施行細則》 第 24 條 第 1 項	勞工於符合本法第三十八條第一項所定之特別休假條件時，取得特別休假之權利；其計算特別休假之工作年資，應依第五條之規定。
《勞動基準法施行細則》 第 24 條之 1 第 2 項 第 1 款 第 1 目	本法第三十八條第四項所定雇主應發給工資，依下列規定辦理： 一、發給工資之基準： (一) 按勞工未休畢之特別休假日數，乘以其一日工資計發。

參考解釋

解釋文號	內　　容
勞動部 106 年 7 月 12 日勞動條 2 字第 1060131476 號函釋說明第四項	勞工並未排定之特別休假日數，其於「年度終結」雇主發給之未休日數工資，因係屬勞工全年度未休假而工作之報酬，於計算平均工資時，上開工資究有多少屬於平均工資之計算期

解釋文號	內　　容
	間內，法無明定，由勞雇雙方議定之。另，勞工於「契約終止」時仍未休完特別休假，雇主所發給之特別休假未休日數之工資，因屬終止契約後之所得，得不併入平均工資計算。

5-5 夜點費是否為薪資計算的項目？

案例

「閃閃公司」生產線採三班制輪班，對於輪值小夜班及大夜班的工作人員，小夜班在晚上 10 時至 12 時實際在班的人員，會發夜點費新臺幣 250 元，大夜班實際在班滿 2 小時以上的人員，會發夜點費新臺幣 400 元。

小華自 102 年 7 月 1 日起，在「閃閃公司」擔任生產線作業員，每月薪資新臺幣 30000 元，「閃閃公司」因為公司轉讓，於 105 年 6 月 10 日預告 105 年 7 月 1 日資遣小華，「閃閃公司」在 105 年 7 月 5 日撥入薪資新臺幣 30000 元、資遣費新臺幣 45000 元到小華的薪資帳戶。

小華認為不夠，因為 105 年 1 月份至 6 月份薪資除每月新臺幣 30000 元月薪之外，還領取 105 年 1 月份夜點費新臺幣 2500 元、105 年 2 月份夜點費新臺幣 2000 元、105 年 3 月份夜點費新臺幣 2500 元、105 年 4 月份夜點費新臺幣 4000 元、105 年 5 月份夜點費新臺幣 2500 元，這些夜點費都應該算入平均工資內計算資遣費，小華自己計算平均工資的算法是 105 年 1 月份薪資新臺幣 32500 元、105 年 2 月份薪資新臺幣新臺幣 32000 元、105 年 3 月份薪資新臺幣 32500 元、105 年 4 月份薪資新臺幣 34000 元、105 年 5月份薪資新臺幣 32500 元、105 年 6 月份薪資新臺幣 30000 元，平均工資應為 32250 元（32500 元＋32000 元＋32500 元＋34000 元+ 32500 元＋30000元＝193500 元，193500 元/6＝32250 元），小華年資為 3 年，因此資遣費應為新臺幣 48750 元

（32250 元 ÷ 2 = 16125 元，16125 元 × 3 = 48750 元），「閃閃公司」應該再補給他 3750 元（48750 元 – 45000 元 = 3750元），但是「閃閃公司」認為夜點費只是公司因為體恤勞工輪夜班較為辛勞，本來是要準備點心，給勞工食用補充體力，但是因為每個人口味不同，很難準備，因此以代金方式讓勞工依其所好，自行購買點心，是一種恩惠性給予，不應該計入薪資內，拒絕小華的請求。

因為只差 3750 元，到底要不要向雇主爭取到底，讓小華考慮了很久，因小華也與自己的同事小明商量，小明也在此次 105 年 7 月 1 日資遣名單之中，不過小明固定上白日班，只有在 105 年 1 月 5 日臨時加班 4 小時，但是加班換休完畢，也有領到夜點費 400 元，小明為了鼓勵小華爭取權益，因此也主張「閃閃公司」差其資遣費新臺幣 102 元（小明也是月薪新臺幣 30000 元，年資 3 年，領到資遣費新臺幣 45000 元，計算方式如下：30400 元 + 30000 元 + 30000 元 + 30000 元 + 30000 元 + 30000 = 180400 元，180400 元/6 = 30067 元，30067/2 = 15034 元，15034 元 × 3 = 45102 元，45102 元 – 45000 元 = 102 元）。兩人一起申請勞資爭議調解，公司拒絕勞資爭議調解。

走到這個地步，小華與小明覺得事情不能做一半，因此兩人共同提起給付資遣費差額訴訟。因為是訴訟標的新臺幣 10 萬元以下的小額訴訟，小華與小明就利用法院提供的表格化訴訟狀，填寫勾選後，提起訟。

解析

法院的判決小華勝訴，小明敗訴，主要理由如下：

1 《勞基法》第 2 條第 3 款明文規定，工資是勞工因工作而獲得的報酬，包括工資、薪金及按計時、計日、計月、計件以現金或實物等方式給付之獎金、津貼及其他任何名義經常性給與均屬之。所謂工資，應屬「勞務的對價」及「經常性的給與」，至於其給付名稱為何，則非所問。

2 94 年 6 月 14 日修正前的《勞基法施行細則》第 10 條第 9 款原明定夜點費為非經常性給與，後來勞動部前身的勞委會 94 年 2 月 23 日第 159 次委員會議通過修正予以刪除，其理由為礙於因夜點費是否屬於工資性質所生爭議非少，為免雇主以夜點費名義取代工資引發爭議，而應回歸《勞基法》第 2 條第 3 款是否為工資之認定。

3 「閃閃公司」生產線上，採三班制，且固定輪值為常態，「閃閃公司」的生產線勞工，輪班人員必須參與輪班，此為勞工應盡的工作內容。「閃閃公司」有命令輪值人員從事擔任早班、小夜班及大夜班工作的指揮權，勞工則有從事工作義務，就勞動關係的人的從屬性以觀，「閃閃公司」所屬輪班勞工，輪值小夜班或大夜班所領受的夜點費，實際上是勞工在雇主的指揮監督下，一定時間提供勞務所獲得對價，不因勞工的工作內容、年資、級職不同而有差別。

4 「閃閃公司」的工廠作業方式是採早班、小夜班及大夜班，24 小時全天候輪班制，不論是輪值早班、小夜班及大夜班時，各班工作性質相同，僅是輪值工作的時間不同，這項工作型態，在員工受僱之際，就已經知道並為勞動契約的內容。「閃閃公司」夜點費核發的標準，係以輪值小夜、大夜之班別，即可領取定額的夜點費，而輪值小夜、大夜班別又已成為固定的工作制度，足認夜點費已成為固定常態工作中可取得的給與，制度上亦同時符合經常性，非偶爾為之。況於夜間工作，不利於勞工的生活及健康，雇主對於在夜間工作的勞工給予較日班勞工為高的工資，自屬合理，也不違反《勞基法》關於薪資平等原則的規定。雇主對於輪班勞工固定給予夜點費，本質上應屬勞務之對價，且屬經常性之給與，堪認屬於《勞基法》第2 條第 3 款所稱的工資。

5 小華為三班輪班的勞工，必須按照「閃閃公司」律定的輪班表工作，小華輪值小夜班或大夜班時，且實際到班時而領取的夜點費，屬經常性的給與，屬於《勞基法》第 2 條第 3 款所稱的工資，因此應計入薪資內，計算平均工資。所以小華主張「閃閃公司」還需再補給他資遣費新臺幣 3750 元，為有理由。

6 小明為固定的日班工作者，並不參與輪值小夜班或大夜班，小明在 105 年 1 月 5 日因為彈性上班，當日正常上班時間為早上 10 時，加班 4 小時至凌晨 12 時下班，雇主因此也發給他夜點費，可視為雇主恩惠式給予，不計入薪資中計算平均工資，因此小明請求「閃閃公司」還需再補給他資遣費新臺幣 102 元為無理由。

參考法條

法　　條	內　　容
《勞動基準法》 第 2 條 第 1 項 第 3 款、第 4 款	本法用辭定義如左…… 三、工資：謂勞工因工作而獲得之報酬；包括工資、薪金及按計時、計日、計月、計件

法　　條	內　　容
	以現金或實物等方式給付之獎金、津貼及其他任何名義之經常性給與均屬之。 四、平均工資：謂計算事由發生之當日前六個月內所得工資總額除以該期間之總日數所得之金額。工作未滿六個月者，謂工作期間所得工資總額除以工作期間之總日數所得之金額。工資按工作日數、時數或論件計算者，其依上述方式計算之平均工資，如少於該期內工資總額除以實際工作日數所得金額百分之六十者，以百分之六十計。
《勞動基準法》 第 11 條 第 1 項 第 1 款	非有左列情事之一者，雇主不得預告勞工終止勞動契約： 一、歇業或轉讓時。
《勞動基準法施行細則》 第 10 條	本法第二條第三款所稱之其他任何名義之經常性給與係指左列各款以外之給與。 一、紅利。 二、獎金：指年終獎金、競賽獎金、研究發明獎金、特殊功績獎金、久任獎金、節約燃料物料獎金及其他非經常性獎金。 三、春節、端午節、中秋節給與之節金。 四、醫療補助費、勞工及其子女教育補助費。 五、勞工直接受自顧客之服務費。 六、婚喪喜慶由雇主致送之賀禮、慰問金或奠儀等。 七、職業災害補償費。

法　條	內　容
	八、勞工保險及雇主以勞工為被保險人加入商業保險支付之保險費。 九、差旅費、差旅津貼及交際費。 十、工作服、作業用品及其代金。 十一、其他經中央主管機關會同中央目的事業主管機關指定者。
《勞工退休金條例》 第 12 條 第 1 項、第 2 項	勞工適用本條例之退休金制度者，適用本條例後之工作年資，於勞動契約依勞動基準法第十一條、第十三條但書、第十四條及第二十條或職業災害勞工保護法第二十三條、第二十四條規定終止時，其資遣費由雇主按其工作年資，每滿一年發給二分之一個月之平均工資，未滿一年者，以比例計給；最高以發給六個月平均工資為限，不適用勞動基準法第十七條之規定。 依前項規定計算之資遣費，應於終止勞動契約後三十日內發給。

5-6 遭非法資遣後，雇主又召回勞工工作，勞工未回去，錢如何理算？

案例

小美自 104 年 3 月 1 日起擔任「閃亮公司」的業務助理，總經理於 105 年 3 月 8 日知道小美懷孕後，就藉口小美常遲到，不適任，因此告訴小美工作到 105 年 3 月 31 日，會將資遣費新臺幣 15167 元撥入小美的薪資帳戶，小美知道後在 105 年 3 月 9 日就到勞工局提出遭到懷孕歧視申訴，但是勞工局還沒做出行政處分之前，「閃亮公司」就在 105 年 3 月 31 日收回小美的員工證，並於 105 年 4 月 1 日將小美的勞健保退保。

勞工局在 105 年 5 月 2 日通知「閃亮公司」、小美，懷孕歧視成立，並且依據《性別工作平等法》第 38 條之 1 處罰「閃亮公司」新臺幣 30 萬元罰鍰。「閃亮公司」於是在 105 年 5 月 3 日發 e-mail 通知小美回公司工作，因為小美原先業務助理的工作，已經另聘他人，所以小美改至捷運站發傳單，薪水仍為原先解僱前之月薪新臺幣 28000 元。小美回覆 e-mail 表示以目前懷孕狀況沒有辦法站者在捷運站出入口發傳單，不可能接受這個職務，請回復擔任業務助理工作。105 年 5 月 4 日「閃亮公司」的人事經理打電話給小美，通知她 105 年 5 月 16 日回公司上班，不會讓她去捷運站出入口發傳單，會改派輕鬆的內勤工作給她，薪水不變。小美 105 年 5 月 16 日仍然沒有回到公司任職，人事經理就發 e-mail 給她，105 年 5 月 17 日如果仍然不來上班，就視為自動離職。

小美在 105 年 11 月 1 日生產，做完月子之後，小美就委託律師提起訴訟，主張「閃亮公司」應該給付105年4月1日起至105年12月26日的薪資（產假8週，11月1日至12月26日為產假），小美產假請完之後，也要申請育嬰留職停薪6個月，因為「閃亮公司」退掉她的勞保，致其無法領取6個月的育兒津貼，「閃亮公司」需要賠償所受的損害，以及因為遭受懷孕解僱的精神損害賠償。

解析

法院在調查各項證據之後，判決小美部分勝訴，部分敗訴，主要理由如下：

1. 雇主因為勞工懷孕而解僱勞工，依據《性別工作平等法》第11條規定解僱無效，雇主抗辯勞工上班常遲到為不適任理由，也不符合《勞基法》第11條所列不適任得解僱的情形，因此「閃亮公司」105年3月31日終止勞動契約無效，「閃亮公司」已經要求小美在105年5月16日上班，薪水不變，改為內勤較輕鬆工作，但是小美還是沒前往上班，「閃亮公司」雖然又限定小美105年5月17日要到職，否則視為自動離職，但是雇主沒有權力替勞工擬制意思表示，「閃亮公司」視為自動離職的說法也是不對的，因此也不生效力，「閃亮公司」與小美的勞動契約一直有效存在。

2. 對於小美可以請領的薪資必須分三個面向探討：

 (1) 105年4月1日至105年5月15日的薪資新臺幣42000元可以請求：

 司法實務上一貫的見解，僱用人受領勞務遲延者，受僱人無補服勞務的義務，仍得請求報酬，且有《民法》第 487 條、第 235 條及第 234 條可稽。雇主不法解僱勞工，可認為雇主受領勞務遲延。勞工就雇主拒絕勞工工作期間，無補服勞務的義務，並得依原定勞動契約請求該期間之報酬。「閃亮公司」自 105 年 4 月 1 日起終止與小美的勞動契約，因為解僱無效，可認為「閃亮公司」拒絕小美給付勞務，「閃亮公司」雖曾於 105 年 5 月 2 日發函要求小美改做戶外發傳單工作，經小美拒絕，並要求回復原職，「閃亮公司」也沒有要求小美一定要做戶外發傳單工作，而是要求小美在 105 年 5 月 16 日回公司任職較輕鬆工作。

105 年 4 月 1 日至 105 年 5 月 15 日可以認為「閃亮公司」拒絕受領小美提供勞務，小美也沒有到其他公司工作，因此小美仍可就 105 年 4 月 1 日至 105 年 5 月 15 日的薪資，請求「閃亮公司」給付，小美在遭受「閃亮公司」非法解僱時的薪資為新臺幣 28000 元，合計小美可以依據《性別工作平等法》第 26 條、《民法》第 487 條規定，請求「閃亮公司」給付薪資新臺幣 42000 元（計算式：28000 元 × 1.5 月 = 42000 元）。

(2) 105 年 5 月 16 日至 105 年 10 月 31 日的薪資，不可以請求：

勞工遭雇主非法解僱離職，勞工在雇主違法解僱前，主觀上並無任意去職之意，客觀上也願意繼續提供勞務，則於雇主拒絕受領後，應負受領遲延之責。勞工無須催告雇主受領勞務，但是雇主於受領遲延後，須再表示受領的意思，或為受領給付作必要的協力，催告勞工給付時，雇主受領遲延的狀態始得認為終了。

勞工懷孕時，依據《勞基法》第 51 條規定，如有較為輕易之工作，勞工得申請改調，雇主不得拒絕，並不得減少其工資，但是並未排除雇主有《勞基法》第 10 條之 1 的調動權，即使曾經遭不法解僱，勞工也沒有要求回復原職的權利。（《性別工作平等法》第 17 條才有保障育嬰留職停薪者復職為復原職。）。

「閃亮公司」要求小美在 105 年 5 月 16 日上班，改作內勤較輕鬆工作且薪資不變，符合《勞基法》第 10 條之 1 揭示的調動五大原則：

*基於企業經營上所必須，且無不當動機及目的。

*對勞工的工資及其他勞動條件，未作不利之變更。

*調動後工作為勞工體能及技術可勝任。

*調動工作地點仍為原工作場所，沒有過遠，交通不便問題。

*符合勞工及其家庭之生活利益。

因此「閃亮公司」在小美原業務助理職缺已不存在的情形下，改調其他較輕鬆的內勤工作，為其對勞工合法的指揮監督權行使，小美不能預先認為會做艱困工作或不能復原職而拒絕上班，如果小美上班之後，工作艱困，或不符小美的職業技能，小美可再依《勞基法》第 51 條規定，請求改調較輕鬆職務或者依據《勞基法》第 10 條之 1 規定請求改調職務。

「閃亮公司」與小美的勞動契約雖然繼續存在，但是 105 年 5 月 16 日至 105 年 10 月 31 日小美無正當原因沒有服勞務，不可以請求薪資。

(3) 105 年 11 月 1 日至 105 年 12 月 26 日產假薪資新臺幣 52248 元，可以請求：

《勞基法》第 50 條規定，女工分娩前後，應停止工作，給予產假 8 星期。女工受僱工作在 6 個月以上者，產假 8 星期工資照給。「閃亮公司」與小美的勞動契約仍然繼續存在，因此「閃亮公司」仍須給付小美 8 週的產假薪資。8 週的計算，連例假日均算在內，勞動部前身之勞委會 79 年勞動三字第 1425 號函釋著有明文。小美遭雇主非法解僱前，每月薪資為新臺幣 28000 元，因此可依據《勞基法》第 50 條、《性別工作平等法》第 26 條規定，請求「閃亮公司」給付產假薪資新臺幣 52248 元（28000 元 ÷ 30 日 ＝ 933 元，933 元 × 56 日 ＝ 52248 元）。

3 小美可以請求損失的育嬰留職停薪津貼新臺幣 103680 元：

按照《性別工作平等法》第 16 條規定，受僱者任職滿六個月後，於每一子女滿 3 歲前，得申請育嬰留職停薪，期間至該子女滿 3 歲止，但不得逾 2 年、《就業保險法》第 11 條、第 19 條之 1 規定，被保險人的保險年資合計滿1 年以上，子女滿 3 歲前，依《性別工作平等法》第 16 條的規定，辦理育嬰留職停薪，得請領育嬰留職停薪津貼。育嬰留職停薪津貼，以被保險人育嬰留職停薪的當月起，前 6 個月平均月投保薪資 60% 計算，於被保險人育嬰留職停薪期間，按月發給津貼，每一子女合計最長發給 6 個月。

雇主如果未替勞工投保勞保，以致於勞工無法請領育嬰留職停薪津貼，勞工因此所受之損失，依據《就業保險法》第 38 條規定，應由雇主，依就業保險法規定的給付標準賠償給勞工。

「閃亮公司」與小美的勞動契約一直有效存在，「閃亮公司」在 105 年 4 月 1 日將小美退掉勞保加保，造成小美喪失勞保投保身份，對於小美本來可以領取的保險給付，因喪失勞保投保身份而不能領取，都應由「閃亮公司」負責賠償給小美。

小美遭「閃亮公司」退保前的每月薪資為新臺幣 28000 元依，「勞工保險投保薪資分級表」，小美的月投保薪資為新臺幣 28,800 元，所以小美原本可以請領育嬰留職停薪津貼數額為新臺幣 103680 元（28800 元 × 60% × 6 個月 = 103680 元）。小美因為遭「閃亮公司」非法解僱退掉勞保，以至於不能請領育嬰留職停薪津貼，小美可以依據《性別工作平等法》第 26 條、《就業保險法》第 38 條規定，請求「閃亮公司」賠償。

4 小美可以請求雇主賠償遭到懷孕歧視的精神損害賠償新臺幣3萬元：

雇主違反《性別工作平等法》第 11 條規定時，對於遭受懷孕歧視的勞工除了須負擔財產上損害賠償責任之外，遭受懷孕歧視的勞工如果受有非財產上的損害，雇主依據《性別工作平等法》第 29 條規定，也需負精神上損害賠償責任。

「閃亮公司」於 105 年 4 月 1 日解僱小美，已經由勞工局處分違反《性別工作平等法》第 11 條規定，事證明確，小美頓失工作及收入，需挺著孕身奔波申訴，受有精神上痛苦。又請求精神上損害賠償之數額究竟應為多少，實務上由法院斟酌雙方的身分、資力與加害程度及其他各種情形核定相當之數額。本件法院核給新臺幣 3 萬元精神損害賠償。

5 「閃亮公司」於 105 年 4 月間，已經支給小美資遣費新臺幣 15167 元，因為「閃亮公司」與小美勞動契約仍然存在，本不須支付資遣費，因此在計算「閃亮公司」應該付給小美的薪資、損害賠償時，也要歸扣回來，對勞資雙方才公平，所以「閃亮公司」應付給小美的薪資、損害賠償合計為新臺幣 227928 元（計算式：42000 元 + 52248 元 + 103680 元 + 30000 元 = 227928 元），扣掉「閃亮公司」已支付的新臺幣 15167 元，「閃亮公司」需支付給小美新臺幣 212761 元（計算式：227928 元 − 15167 元 = 212761 元）。

參考法條

法　條	內　容
《民法》第 234 條	債權人對於已提出之給付，拒絕受領或不能受領者，自提出時起，負遲延責任。
《民法》第 235 條	債務人非依債務本旨實行提出給付，不生提出之效力。但債權人預示拒絕受領之意思，或給付兼需債權人之行為者，債務人得以準備給付之事情，通知債權人，以代提出。
《民法》第 487 條	僱用人受領勞務遲延者，受僱人無補服勞務之義務，仍得請求報酬。但受僱人因不服勞務所減省之費用，或轉向他處服勞務所取得，或故意怠於取得之利益，僱用人得由報酬額內扣除之。

法　　條	內　　容
《勞動基準法》 第 10 條之 1	雇主調動勞工工作，不得違反勞動契約之約定，並應符合下列原則： 一、基於企業經營上所必須，且不得有不當動機及目的。但法律另有規定者，從其規定。 二、對勞工之工資及其他勞動條件，未作不利之變更。 三、調動後工作為勞工體能及技術可勝任。 四、調動工作地點過遠，雇主應予以必要之協助。 五、考量勞工及其家庭之生活利益。
《勞動基準法》 第 11 條 第 1 項 第 5 款	非有左列情事之一者，雇主不得預告勞工終止勞動契約…… 五、勞工對於所擔任之工作確不能勝任時。
《勞動基準法》 第 12 條 第 1 項 第 6 款 第 2 項	勞工有左列情形之一者，雇主得不經預告終止契約…… 六、無正當理由繼續曠工三日，或一個月內曠工達六日者。 雇主依前項第一款、第二款及第四款至第六款規定終止契約者，應自知悉其情形之日起，三十日內為之。
《勞動基準法》 第 50 條	女工分娩前後，應停止工作，給予產假八星期；妊娠三個月以上流產者，應停止工作，給予產假四星期。 前項女工受僱工作在六個月以上者，停止工作期間工資照給；未滿六個月者減半發給。

法　　條	內　　容
《勞動基準法》 第 51 條	女工在妊娠期間，如有較為輕易之工作，得申請改調，雇主不得拒絕，並不得減少其工資。
《性別工作平等法》 第 11 條 第 1 項、第 3 項	雇主對受僱者之退休、資遣、離職及解僱，不得因性別或性傾向而有差別待遇。 …… 違反前二項規定者，其規定或約定無效；勞動契約之終止不生效力。
《性別工作平等法》 第 16 條 第 1 項、第 4 項	受僱者任職滿六個月後，於每一子女滿三歲前，得申請育嬰留職停薪，期間至該子女滿三歲止，但不得逾二年。同時撫育子女二人以上者，其育嬰留職停薪期間應合併計算，最長以最幼子女受撫育二年為限。 …… 育嬰留職停薪津貼之發放，另以法律定之。
《性別工作平等法》 第 26 條	受僱者或求職者因第七條至第十一條或第二十一條之情事，受有損害者，雇主應負賠償責任。
《性別工作平等法》 第 29 條	前三條情形，受僱者或求職者雖非財產上之損害，亦得請求賠償相當之金額。其名譽被侵害者，並得請求回復名譽之適當處分。
《就業保險法》 第 11 條 第 1 項 第 4 款	本保險各種保險給付之請領條件如下…… 四、育嬰留職停薪津貼：被保險人之保險年資合計滿一年以上，子女滿三歲前，依性別工作平等法之規定，辦理育嬰留職停薪。

法　　條	內　　容
《就業保險法》 第 19 條之 2 第 1 項	育嬰留職停薪津貼，以被保險人育嬰留職停薪之當月起前六個月平均月投保薪資百分之六十計算，於被保險人育嬰留職停薪期間，按月發給津貼，每一子女合計最長發給六個月。
《就業保險法》 第 38 條 第 1 項	投保單位違反本法規定，未為其所屬勞工辦理投保手續者，按自僱用之日起，至參加保險之前一日或勞工離職日止應負擔之保險費金額，處十倍罰鍰。勞工因此所受之損失，並應由投保單位依本法規定之給付標準賠償之。

參考解釋

解釋文號	內　　容
勞委會 79 年勞動三字第 1425 號函釋	勞動基準法第五十條所定之產假旨在保護母性之健康，該假期內如遇星期例假、紀念日、勞動節日及其他由中央主管機關規定應放假之日，均包括在內無庸扣除。

法律小寶典

【精神損害賠償】

損害賠償請求權人如果主張受有精神損害，需法律有明文規定，才可請求。精神損害賠償的額度，由法院斟酌雙方的身分、資力與加害程度及其他各種情形核定相當之數額，每件案例均不相同。

5-7 勞工對於雇主減薪，若長期未反對而領取，可認為同意減薪

案例

阿強擔任「閃閃鐵工廠」煉鐵師傅，因為產業結構變更，「閃閃鐵工廠」的生意越來越差，103 年 3 月 2 日付薪水時，老闆就跟小強說，生意越來越差了，薪水只能付新臺幣 30000 元，比以前減少新臺幣 5000 元，阿強也沒有說什麼，從此每月領新臺幣 30000 元。到了 106 年 12 月底，老闆說實在支撐不下去了，必須歇業資遣阿強，107 年 1 月 2 日就支付阿強 106 年 12 月份薪資新臺幣 30000 元，107 年 1 月 31 日支付資遣費新臺幣 15 萬元（阿強年資 10 年，30000 元 × 1/2 × 10 年 = 150000 元）。

沒有工作後，阿強多了時間與友人聊天，大家你一言我一語，最後得出結論，認為阿強太老實了，老闆說減薪就減薪，也沒跟阿強協商，就勸阿強爭取被減少的薪水與資遣費。

阿強於是到法院提起訴訟，主張自 103 年 2 月份起至 106 年 12 月份的薪水，每月都少新臺幣 5000 元，合計減少新臺幣 235000 元，資遣費應以平均工資新臺幣 35000 元標準計算，合計減少新臺幣 25000 元（35000 元 × 1/2 × 10 年 = 175000 元，175000 元 –150000 元 = 25000 元），老闆都應該補足差額。

「閃閃鐵工廠」在法院審理時主張，薪水屬於後付，每月 2 日支付上個月薪水，103 年 2 月份開始薪水由新臺幣 35000 元減為新臺幣 30000 元，阿強也知道工廠生意一直不好，同意減薪，所以沒有短少支付薪水與資遣費。

解析

法院調查雙方的主張與證據之後，判決阿強敗訴，主要理由如下：

1. 工資是雇主對勞工提供勞務之報酬給付，為構成勞動條件的重要部分，也是勞工及其家屬賴以維生的重要收入，《勞基法》第 21 條第 1 項規定：「工資由勞雇雙方議定之。但不得低於基本工資。」、第 22 條第 2 項規定：「工資應全額直接給付勞工。但法令另有規定或勞雇雙方另有約定者，不在此限。」明文規定雇主依約負有給付全額工資之義務；並於同法第 14 條第 1 項第 5 款第 4 項準用第 17 條規定，賦予勞工在雇主未依勞動契約給付工作報酬之情形，享有不經預告終止勞動契約的權利。所以雇主若想要採取減薪措施，自應徵得勞工之同意，才屬合法。如果雇主不依勞動契約給付工作報酬，勞工可以採取的權利是，選擇請求雇主依勞動契約支付工資或選擇不經預告終止契約，並請求雇主發給資遣費。

2. 當事人互相意思表示一致的話，無論其為明示或默示，契約就算是成立，《民法》第 153 條第 1 項定有明文；又所謂默示的意思表示，是指依表意人之舉動或其他情事，足以間接推知其效果意思者而言。勞工經雇主片面減薪後，既未向雇主表示拒絕減薪，也沒有在領薪水時，保留請求支付遭減少的薪資，或者主張終止勞動契約並請求給付資遣費，而且還長期領取扣減後之薪資，自足以間接推知該勞工經權衡自身利益後，已默示同意領取扣減後之薪資，而與雇主繼續勞動契約關係，並非對於被減薪的事實，抱持單純的沉默。

3 阿強繼續領取該減薪後的薪資達 4 年多，都沒有表示反對或有所爭執，也沒有表示終止契約，可以認定阿強已默示同意減薪。因此老闆按照每月新臺幣 30000 元支付薪資及計算資遣費均已如數支付給阿強，沒有積欠。

參考法條

法　　條	內　　容
《民法》 第 153 條 第 1 項	當事人互相表示意思一致者，無論其為明示或默示，契約即為成立。
《勞動基準法》 第 11 條 第 1 項 第 1 款	非有左列情事之一者，雇主不得預告勞工終止勞動契約： 一、歇業或轉讓時。
《勞動基準法》 第 14 條 第 1 項 第 5 款	有下列情形之一者，勞工得不經預告終止契約…… 五、雇主不依勞動契約給付工作報酬，或對於按件計酬之勞工不供給充分之工作者。
《勞動基準法》 第 17 條	雇主依前條終止勞動契約者，應依下列規定發給勞工資遣費： 一、在同一雇主之事業單位繼續工作，每滿一年發給相當於一個月平均工資之資遣費。 二、依前款計算之剩餘月數，或工作未滿一年者，以比例計給之。未滿一個月者以一個月計。 前項所定資遣費，雇主應於終止勞動契約三十日內發給。

法　條	內　容
《勞動基準法》 第 21 條 第 1 項	工資由勞雇雙方議定之。但不得低於基本工資。
《勞動基準法》 第 22 條 第 2 項	工資應全額直接給付勞工。但法令另有規定或勞雇雙方另有約定者，不在此限。
《勞工退休金條例》 第 12 條 第 1 項、第 2 項	勞工適用本條例之退休金制度者，適用本條例後之工作年資，於勞動契約依勞動基準法第十一條、第十三條但書、第十四條及第二十條或職業災害勞工保護法第二十三條、第二十四條規定終止時，其資遣費由雇主按其工作年資，每滿一年發給二分之一個月之平均工資，未滿一年者，以比例計給；最高以發給六個月平均工資為限，不適用勞動基準法第十七條之規定。 依前項規定計算之資遣費，應於終止勞動契約後三十日內發給。

給受僱人的話

薪資為勞資雙方重要的勞動條件約定，勞動條件如果有不利益變更，必須經過勞資協商，才可以變更。所謂協商成立，不一定需要白紙黑字寫出來，雙方口頭意思表示一致，也算協商成立，如果長期領取減薪而沒有任何爭議或保留被減少薪資請求權時，往往會被認為勞工已經同意減薪，所以勞工如果不願意被減薪，一定要當機立斷決定行使權利。

06

錢要算清楚

——加班費怎麼算？

6-1 106 年間的休息日加班薪資如何計算？

案例

小明擔任「閃閃公司」辦事員，月薪新臺幣 36000 元，平日工作時間為週一至週五早上 8 點 30 分到下午 5 點3 0 分，中午休息 1 小時，106 年 3 月 11 日為週六休息日，因為有客戶洽公，小明至公司工作 2 小時，106 年 3 月 18 日週六休息日，又因客戶洽公，小明受雇主指派至公司工作 4 小時，106 年 3 月 24 日週五，公司因為月底出貨關係，要求加班，小明自下午 6 點加班至次日凌晨 1 點 30 分。

106 年 4 月 3 日公司撥付薪水至小明的薪水帳戶，小明算了一下，認為公司都未依據休息日加班的工資支付給他，因此與公司會計部門理論，會計部門說，因為小明在 103 年進公司時簽的聘僱合約，雙方約定，週一至週六加班時，加班費計算方式，前 2 小時以平日每小時工資加給 1/3，再延長加班在 2 小時以上者以平日每小時工資加給 2/3，所以 106 年 3 月 11 日加班 2 小時、106 年 3 月 18 日加班 4 小時、106 年 3 月 24 日加班 4 小時、106 年 3 月 25 日加班 2 小時，合計加班費為新臺幣 2600 元（150 元 × 1 又 1/3 × 2 × 4 = 1600 元，150 元 × 1 又 2/3 × 2 × 2 = 1000 元，1600 元 + 1000元 = 2600 元），雖然《勞基法》第 24 條在 105 年 12 月 21 日修改施行，但是應該優先適用雙方契約約定。

小明反對會計部門的說法，小明說當初 103 年簽約時，《勞基法》規定的工時為雙週 84 小時，但是在 105 年 1 月 1 日起，就修改為每週 40 小時，105 年 12 月 21

日就增訂休息日加班費的計算方式，法令有變更，就應該依據法令變更之後的計算方式計算休息日加班費，因此小明認為休息日他加班到 2 小時，均應該以 4 小時計算，所以休息日加班與平日加班合計應給他新臺幣 3600 元。

勞資雙方僵持不下，小明就到法院起訴請求「閃閃公司」給付短少的加班費新臺幣 1000 元。

解析

法院判決結果，小明勝訴，主要理由如下：

1. 勞資雙方均不爭執，小明每月薪資為新臺幣 36000 元。

2. 加班費的算法，在 105 年 12 月 21 日修改施行《勞基法》第 24 條規定，關於休息日加班與平日加班的延長工資算法是不同的，《勞基法》第 24 條有關延長工作時間加班工資之計算標準，係屬強制規定，依據《民法》第 71 條前段規定，違反強制規定者，其法律行為無效，「閃閃公司」與小明在 103 年間簽訂勞動契約，當時的《勞基法》第 24 條延長工時工資規定，並沒有休息日加班的規定，所以訂約時當然沒有特別列休息日加班工資的算法，隨著法令修改，「閃閃公司」與小明的勞動契約雖然沒有修改，但是基於契約條款違反《勞基法》第 24 條的強制規定，該契約條款關於休息日加班約定，就屬於無效，應適用《勞基法》第 24 條的規定。

3. 小明 106 年 3 月間加班薪資合計新臺幣 3600 元，計算如下：
   (1) 小明每月薪資為新臺幣 36000 元，每日工時 8 小時，因此每小時工資為新臺幣 150 元。

計算式：

（36000 元 ÷ 30 日）÷ 8 小時 = 150 元---每小時工資

(2) 依據《勞基法》第 24 條第 1 項規定，平日工作的延長工作時間在 2 小時以內者，按平日每小時工資額加給 1/3 以上，再延長工作時間在 2 小時以內者，按平日每小時工資額加給 2/3 以上。

(3) 依據《勞基法》105 年 12 月 21 日公佈施行的第 24 條第 3 項規定，雇主要求勞工在休息日工作，工作時間在 2 小時以內者，加班費按平日每小時工資額另再加給一又三分之一以上，2 小時後再繼續工作的話，按平日每小時工資額另再加給一又三分之二以上。又依據《勞基法》105 年 12 月 21 日公佈施行的第 24 條第 4 項規定，休息日的工作時間及工資的計算，4 小時以內者，以 4 小時計算；超過 4 小時至 8 小時以內者，以 8 小時計算；超過 8 小時至 12 小時以內的話，以十二小時計（註）。

(4) 106 年 3 月 11 日為休息日，小明加班 2 小時，加班費為新臺幣 900 元。

小明加班 2 小時按照《勞基法》105 年 12 月 21 日公佈施行的第 24 條第 4 項規定，以 4 小時計算工資，所以加班費計算如下：

（150 元 × 1 又 1/3）× 2 小時 +（150 元 × 1 又 2/3）× 2 小時 = 900 元

(5) 106 年 3 月 18 日為休息日，小明加班 4 小時，加班費為新臺幣 900 元。

加班費計算如下：

（150 元 × 1 又 1/3）× 2 小時 +（150 元 × 1 又 2/3）× 2 小時 = 900 元

(6) 106 年 3 月 24 日正常上班日，加班 4 小時，加班費為新臺幣 900 元。

加班費計算如下：

（150 元 × 1 又 1/3）× 2 小時 +（150 元 × 1 又 2/3）× 2 小時 = 900 元

(7) 106 年 3 月 25 日凌晨加班 2 小時，加班費為新臺幣 900 元。106 年 3 月 25 日凌晨加班 2 小時是自 106 年 3 月 24 日加班延續而來，然而休息日是自該日凌晨 0 時起計算至該日 24 小時止，所以 106 年 3 月 25 日凌晨加班 2 小時也以休息日加班計算，以 4 小時計算。

計算如下：

（150 元 × 1 又 1/3）× 2 小時 +（150 元 × 1 又 2/3）× 2 小時 = 900 元

(8) 合計小明 106 年 3 月份的加班費為新臺幣 3600 元。

計算如下：

900 元 + 900 元 + 900 元 + 900 元 = 3600 元。

4 「閃閃公司」只支付新臺幣 2600 元，尚須補給小明休息日加班薪資新臺幣 1000 元。

計算如下：

3600 元 – 2600 元 = 1000 元---短付的差額

參考法條

法　條	內　容
《民法》 第 71 條	法律行為，違反強制或禁止之規定者，無效。但其規定並不以之為無效者，不在此限。
《勞動基準法》 第 24 條—105 年 12 月 21 日公佈施行之版本	雇主延長勞工工作時間者，其延長工作時間之工資依下列標準加給： 一、延長工作時間在二小時以內者，按平日每小時工資額加給三分之一以上。 二、再延長工作時間在二小時以內者，按平日每小時工資額加給三分之二以上。 三、依第三十二條第三項規定，延長工作時間者，按平日每小時工資額加倍發給。 雇主使勞工於第三十六條所定休息日工作，工作時間在二小時以內者，其工資按平日每小時工資額另再加給一又三分之一以上；工作二小時後再繼續工作者，按平日每小時工資額另再加給一又三分之二以上。 前項休息日之工作時間及工資之計算，四小時以內者，以四小時計；逾四小時至八小時以內者，以八小時計；逾八小時至十二小時以內者，以十二小時計。
《勞動基準法》 第 36 條 第 1 項	勞工每七日中應有二日之休息，其中一日為例假，一日為休息日。
《勞動基準法》 第 39 條前段	第三十六條所定之例假、休息日、第三十七條所定之休假及第三十八條所定之特別休假，工資應由雇主照給。

註：106 年 12 月 21 日增訂公佈施行《勞基法》第 24 條、第 36 條，勞工週休二日，一日為休息日，一日為例假日，勞工如同意於休息日加班，休息日加班費的工時計算，以 4 小時為一單位，因此勞工於休息日加班 1 小時，視為加班 4 小時，加班 5 小時，視為加班 8 小時，嗣後 107 年 1 月 31 日公佈《勞基法》第 24 條第 3 項刪除，並自 107 年 3 月 1 日施行，107 年 3 月 1 日起，休息日仍以實際加班時數為準。

6-2 107 年 3 月 1 日起休息日加班，要怎麼計算加班費？

案例

小強擔任「閃閃公司」的技術員，每月薪資新臺幣 36000 元。107 年 3 月 3 日週六休息日，因為業務需要，公司要求小強加班 3 小時，小強加班 2 小時之後，請事假 1 小時，107 年 3 月10 日週六，公司經小強同意加班 10 小時，107 年 3 月 24 日公司要求小強加班 8 小時，小強加班 6 小時之後，因為身體不舒服，請病假 2 小時。

經理在 107 年 3 月 31 日要求小強選擇 3 日補休，小強拒絕，並要求公司應該支付加班費，公司拒絕，小強因此向法院起訴，請求「閃閃公司」支付加班費。

「閃閃公司」在訴訟上主張，公司是基於財務管控，因此希望勞工可以在淡季的時候用補休的方式抵加班費，對於小強也沒有不利。

解析

法院判決小強勝訴，主要理由如下：

1. 雇主使勞工於休息日加班，必須支付勞工休息日工資，在 107 年 3 月 1 日起，適用 107 年 1 月 31 日公布修正之《勞基法》第 24 條規定，休息日加班的加班工資算法，前 2 小時工資按平日每小時工資額另再加給一又三分之一以上，繼續工作 2 小時以上，按平日每小時工資額另再加給一又三分之二以上。休息日加班是否用補休替代加班費給付，按照 107 年 3 月 1 日起，適用 107 年 1

月 31 日公布增訂的《勞基法》第 32 條之 1 規定，選擇權在勞工，如果勞工選擇領取加班費，雇主不得要求勞工選擇補休。

2 小強 107 年 3 月在休息日加班，工資合計為新臺幣 4750 元，「閃閃公司」應支付給小強。計算如下：

(1) 107 年 3 月 3 日加班費為新臺幣 400 元。

小強本應加班3小時，但是加班 2 小時，請事假 1 小時。

計算如下：

（36000 元 ÷ 30 日）÷ 8 = 150 元---每小時工資

（150 元 × 1 又 1/3）× 2 小時 + 請事假 1 小時 0 薪資

= 400 元---107 年 3 月 3 日加班費

(2) 107 年 3 月 10 日休息日小強加班 10 小時，加班費為新臺幣 2700 元。

按照《勞基法》第 39 條規定，休息日工資照給，休息日工資照給仍以 8 小時計算 1 日工資，所以如果雇主使勞工於休息日加班，休息日加班超過 8 小時部分，原本即無工資，所以休息日加班超過 8 小時的工資，以每小時工資加計 2 又 2/3，始符合《勞基法》第 24 條之意旨。

計算如下：

（150 元 × 1 又 1/3）× 2 小時 +（150 元 × 1又2/3）× 6 小時 +（150 元 × 2 又 2/3）× 2 小時

= 2700 元---107 年 3 月 10 日加班費

(3) 107 年 3 月 24 日加班費為新臺幣 1650 元。

休息日小強實際加班 6 小時，請病假 2 小時，按照勞動部 107 年 3 月 14 日勞動條 2 字第 1070130381 號函釋，如果勞雇雙方沒有特別約定，勞雇雙方約定休息日加班時間，勞工也已到班，但中途發生請假，薪資計算方式，依「勞工請假規則」處理，依據「勞工請假規則」第 4 條規定，全年普通病假 30 日以內，工資折半發給。

計算如下：

（150 元 × 1 又 1/3）× 2 小時 +（150 元 × 1 又 2/3）× 4 小時 +〔（150 元 × 1 又 2/3）× 2 小時〕× 1/2 = 1650 元---107 年3 月 24 日加班費

(4) 總計小強 107 年 3 月 3 日、3 月 10 日、3 月 24 日休息日加班費為新臺幣 4750 元。

計算如下：

400 元 + 2700 元 + 1650 元 = 4750 元

參考法條

法　條	內　容
《勞動基準法》 第 24 條 第 2 項—107 年 3 月 1 日起適用之版本	雇主使勞工於第三十六條所定休息日工作，工作時間在二小時以內者，其工資按平日每小時工資額另再加給一又三分之一以上；工作二小時後再繼續工作者，按平日每小時工資額另再加給一又三分之二以上。
《勞動基準法》 第 32 條之 1 第 1 項	雇主依第三十二條第一項及第二項規定使勞工延長工作時間，或使勞工於第三十六條所定休息日工作後，依勞工意願選擇補休並經雇主同意者，應依勞工工作之時數計算補休時數。

法　　條	內　　容
《勞動基準法》 第 36 條 第 1 項	勞工每七日中應有二日之休息，其中一日為例假，一日為休息日。
《勞動基準法》 第 39 條前段	第三十六條所定之例假、休息日、第三十七條所定之休假及第三十八條所定之特別休假，工資應由雇主照給。
《勞工請假規則》 第 4 條 第 3 項前段	普通傷病假一年內未超過三十日部分，工資折半發給。

參考解釋

解釋文號	內　　容
勞動部勞動條 2 字第 1070130381 號函釋說明第四項	當日出勤已到工時段之工資，應依勞動基準法第 24 條第 2 項規定計算，請假時段再按休息日加成後之工資之標準，依勞工請假規則等各該法令辦理。

6-3 保全人員的薪水加班費怎麼算？

案例

小強自105年6月1日起擔任「閃閃保全公司」的保全員，派駐在亮光大樓，因為大樓住戶單純，平日工作量不大，只有他1個保全員負責大樓的門禁、收發、公共設施管理，雖然契約約定每月工時240小時，每日正常工時10小時，每個月工作24日，其餘日數如果不是例假日，也會按照排班加班，105年6月1日至12月31日止加班130小時（10小時×13日＝130小時）、106年加班190小時（10小時×19日＝190小時）、107年1月至3月加班50小時（10小時×5日＝50小時），公司雖然有付加班工資，但是小強認為公司短發加班工資，向公司要求補發，公司一直向小強解釋沒有短發，但是雙方的計算標準不同，無法達成共識。

為了解決這樣的爭端，小強向法院提起訴訟，請求「閃閃保全公司」給付短發加班工資。小強主張105年每月工資為新臺幣25511元、106年每月工資為每月新臺幣26787元、107年每月工資為新臺幣28050元，以每月工時240小時計算，105年每小時工資應為新臺幣106元、106年每小時工資為112元、107年每小時工資為117元，但是公司都以每小時工資新臺幣100元計算加班費，假日加班應該加倍給工資，105年應該以每小時新臺幣212元、106年應該以每小時新臺幣224元、107年應該以每小時新臺幣234元計算加班費，合計公司應該給加班費新臺幣98184元，但是公司只給44400元，短發假日工資新臺幣53784

元。

「閃閃保全公司」則表示，保全公司的保全員是適用《勞基法》第84條之1人員，因此與小強訂立保全人員僱傭契約，約定每月正常工時為240小時，每日正常工作時間10小時，有送勞工局核定，105年每月薪資為新臺幣25511元、106年每月薪資為每月新臺幣26787元、107年每月薪資為新臺幣28050元，每月工作日為24日，其餘假日如果工作1日10時，加發新臺幣1200元，均按照僱傭契約約定支付薪水與加班費，沒有短發。

解析

法院判決小強敗訴，主要理由如下：

1. 《勞基法》第84條之1規定，經勞動部核定公告的下列工作：1、監督、管理人員或責任制專業人員；2、監視性或間歇性之工作；3、其他性質特殊之工作，可以由勞雇雙方另行約定，工作時間、例假、休假、女性夜間工作，並報請當地主管機關核備，不受《勞基法》第30條、第32條、第36條、第37條、第49條規定的限制（俗稱《勞基法》第84條之1人員）。勞動部組織改造前的勞委會於87年7月2日勞動二字第32743號公告保全業的保全人員適用《勞基法》第84條之1，並且在100年間頒布「保全業之保全人員工作時間審核參考指引」，律定保全人員每日正常工作時間不得超過10小時；連同延長工作時間1日不得超過12小時。保全業的一般保全人員每月正常工時上限為240小時，每月延長工時上限為48小時，每月總工時上限為288

小時。

2 依據《勞基法》第 84 條之 1、「保全業之保全人員工作時間審核參考指引」規定，保全業之保全人員業經核定公告為適用勞動基準法第 84 條之 1 規定之工作者，勞雇雙方得另行以書面約定工作時間、例假、休假、女性夜間工作等，並報請當地主管機關核備。小強擔任「閃閃保全公司」的保全員，僱傭契約也經過勞工局核定，自屬適用《勞基法》第 84 條之 1 的人員。

3 關於適用《勞基法》第 84 條之 1 的人員工資工時需以書面約定，按月計酬的受僱人，每月薪資不得低於每月基本工資及約定並經核備的正常工時超過法定正常工時比例增加的工資，在 105 年 1 月 1 日起，適用勞基法的受僱人，每週法定工時為 40 小時，因此勞動部 104 年 11 月 2 日勞動條 2 字第 1040132228 函釋，適用《勞基法》第 84 條之 1 的人員之基本工資算法為在核備之正常工作時間內，每月工資應不得低於每月基本工資額加上以每月基本工資額計算之平日每小時工資額乘以（核備之正常工作時間時數－174）小時之總合金額。另外該函釋也表明，嗣後基本工資如有調整，併應依前開說明調整之。

4 每月基本工資是以每月 30 日計算，所以薪資月付制，且以法定正常工時提供勞務的全時勞工的每小時工資為不得低於基本工資 ÷ 30 日 ÷ 8 小時。因此 105 年 1 月 1 日起每月基本工資為新臺幣 20008 元，每小時基本工資即為新臺幣 83.37 元（計算式：20008 元 ÷ 30 日 ÷ 8 小時 ≒ 83.37 元）、106 年 1 月 1 日起每月基本工資為新臺幣 21009 元，每小時基本工資即為新臺幣 87.54 元（計算式：21009 元 ÷ 30 日 ÷ 8 小時 ≒ 87.54 元）、107 年 1 月 1日起每月基本工資為新臺幣 22000 元，每小時基本工資即為新臺幣 91.67 元（計算式：22000 元 ÷ 30 日 ÷ 8 小時 ≒ 91.67 元）（註 1）。

5 小強受僱擔任「閃閃保全公司」的保全員，屬於適用《勞基法》第 84 條之 1 的人員，「閃閃保全公司」與小強的約定並經報備工時為 240 小時，所以小強的法定基本薪資如下：

105 年每月薪資不得低於新臺幣 25510 元。

計算如下：

20008 元 + 83.37 元 ×（240-174）小時 ≒ 25510 元

106 年每月薪資不得低於新臺幣 26787 元。

計算如下：

21009 元 + 87.54 元 × (240 – 174) 小時 ≒ 26787 元

107 年每月薪資不得低於新臺幣 28050 元。

計算如下：

22000 元 + 91.67 元 × (240 – 174) 小時 ≒ 28050 元。

6 小強與「閃閃保全公司」約定每月報核正常工時 240 小時，105 年每月薪資為新臺幣 25511 元、106 年每月薪資為新臺幣 26787 元、107 年每月薪資為新臺幣 28050 元，均符合保全員每月基本薪資規定。

7 勞委會 101 年 5 月 22 日勞動 2 字第 1010131405 號函釋，《勞基法》第 84 條之 1 的人員，假日出勤以「平日每小時工資額」或平日每日之工資，依同法第 24 條或第 39 條計給延時工資或假日出勤工資。

8 小強 105 年每月薪資為新臺幣 25511 元，此薪資除以每月 30 日，每日 8 小時計算外，還要加計超出法定正常工時部份之約定報核正常工時，所以每月薪資為新臺幣 25511 元的時薪為 83.37 元。

計算如下：

25511 元÷【（8 小時 × 30 日）＋（240 小時－174 小時）】

≒ 83.37 元

小強 105 年 6 月 1 日至 12 月 31 日止假日加班，每日 10 小時，共計加班 13 日，如以假日加班加倍給薪，及 8 小時之後的 2 小時為延時工時計算，每日假日加班 10 小時工資應為新臺幣 889 元，「閃閃保全公司」假日加班工資支付新臺幣 1200 元，並無短付。

計算如下：

83.37 元 × 8 小時＋（83.37 元 × 1 又 1/3）× 2 小時 ≒ 889 元

9 同上述計算方式，小強 106 年每月薪資為新臺幣 26787 元，時薪為 87.54 元。

計算如下：

26787 元÷【（8 小時 × 30 日）＋（240 小時－174 小時）】

≒ 87.54 元

小強 106 年 1 月 1 日至 12 月 31 日止假日加班，每日 10 小時，共計加班 19 日，如以假日加班加倍給薪計算，每日假日加班工資應為新臺幣 934 元，「閃閃保全公司」假日加班工資支付新臺幣 1200 元，並無短付。

計算如下：

87.54 元×8 小時+（87.54 元×1 又 1/3）×2 小時≒934 元

10 同上述計算方式，小強 107 年每月薪資為新臺幣 28050 元，時薪為 91.67 元。

計算如下：

28050 元÷【（8 小時×30 日）+（240 小時－174 小時）】

≒91.67 元

小強 107 年 1 月 1 日至 3 月 31 日止假日加班，每日 10 小時，共計加班 5 日，如以假日加班加倍給薪計算，每日假日加班工資應為新臺幣 978 元，「閃閃保全公司」假日加班工資支付新臺幣 1200 元，並無短付。

計算如下：

91.67 元×8 小時+（87.54 元×1 又 1/3）×2 小時≒978 元

11 小強的計算方式是不對的，應該以上述方式計算假日加班的工資，因此「閃閃保全公司」並無假日短付工資，另外「閃閃保全公司」也不能以其所發假日加班工資較以其月付工資之每小時工資為基準計算高而要求勞工退回，因為這是勞資雙方約定的勞動條件，本來就可以約定高於法定基本時薪。「閃閃保全公司」也不可改以法定基本時薪標準計算假日加班工資，因為勞資雙方約定的勞動條件，原先較優，除非勞工同意，而且也不得低於基本時薪之下，才能降低原先之假日加班工資標準。

參考法條

法　　條	內　　容
《勞動基準法》 第 24 條	雇主延長勞工工作時間者，其延長工作時間之工資，依下列標準加給： 一、延長工作時間在二小時以內者，按平日每小時工資額加給三分之一以上。 二、再延長工作時間在二小時以內者，按平日每小時工資額加給三分之二以上。 三、依第三十二條第四項規定，延長工作時間者，按平日每小時工資額加倍發給。 雇主使勞工於第三十六條所定休息日工作，工作時間在二小時以內者，其工資按平日每小時工資額另再加給一又三分之一以上；工作二小時後再繼續工作者，按平日每小時工資額另再加給一又三分之二以上。
《勞動基準法》 第 39 條	第三十六條所定之例假、休息日、第三十七條所定之休假及第三十八條所定之特別休假，工資應由雇主照給。雇主經徵得勞工同意於休假日工作者，工資應加倍發給。因季節性關係有趕工必要，經勞工或工會同意照常工作者，亦同。
《勞動基準法》 第 84 條之 1	經中央主管機關核定公告之下列工作者，得由勞雇雙方另行約定，工作時間、例假、休假、女性夜間工作，並報請當地主管機關核備，不受第三十條、第三十二條、第三十六條、第三十七條、第四十九條規定之限制。 一、監督、管理人員或責任制專業人員。

法　　條	內　　容
	二、監視性或間歇性之工作。 三、其他性質特殊之工作。 前項約定應以書面為之，並應參考本法所定之基準且不得損及勞工之健康及福祉。
《保全業之保全人員工作時間審核參考指引》第四之(一)、(二)項	四、工時安排應合理化 (一) 每日正常工作時間不得超過 10 小時；連同延長工作時間，1 日不得超過 12 小時。2 出勤日之間隔至少應有 11 小時。 (二) 保全業之一般保全人員每月正常工時上限為 240 小時，每月延長工時上限為 48 小時，每月總工時上限為 288 小時。

參考解釋

解釋文號	內　　容
勞委會 87 年 7 月 27 日勞動二字第 32743 號公告	保全業之保全人員……為勞動基準法第八十四條之一之工作者。
勞委會 101 年 5 月 22 日勞動 2 字第 1010131405 號函釋要旨	勞動基準法第 21 條規定之基本工資係以法定正常工作時間每 2 週工作總時數 84 小時之上限為計算基礎，若按月計酬適用勞動基準法第 84 條之 1 規定之工作時間超過約定且經核備之正常工時者，仍應從其所約定但不低於前開基準之每月工資計給延時工資或假日出勤工資。

解釋文號	內　容
勞動部 104 年 11 月 2 日勞動條 2 字第 1040132228 號函釋要旨	勞動基準法修正後，適用第 84 條之 1 按月計酬工作者，其基本工資計算公式自 105 年 1 月 1 日起，修正為在核備之正常工作時間內，每月工資應不得低於每月基本工資額加上以每月基本工資額計算之平日每小時工資額乘以（核備之正常工作時間時數 - 174）小時之總合金額。

註 1：勞動部依據《勞基法》第 21 條規定，經基本工資審議委員會決議公告最低基本工資，雇主與適用勞基法之受雇人，約定之工資不得低於最低基本工資，以保障最弱勢的邊緣勞工。

註 2：勞動部函釋《勞基法》第 84 條之 1 勞工薪資計算標準，也就是《勞基法》第 84 條之 1 工作者的最低基本工資標準。

6-4 長期照護中心照顧服務員，勞動契約如果沒有送勞工局核定，加班費怎麼算？

案例

小華自106年1月1日起擔任「閃閃長期照護中心」的照顧服務員，約定工作時間為每日早上7：30分至下午6：30分，中間休息1小時，每週週休2日，月薪為正常工時220小時，新臺幣26217元，如果超過220小時，為假日加班，每小時加發新臺幣100元。

勞工局對「閃閃長期照護中心」實施勞動檢查，發現「閃閃長期照護中心」與照顧服務員訂立的書面勞動契約，並未送勞工局核備，因此責令「閃閃長期照護中心」將機構與照顧服務員訂立的書面契約，送勞工局核備。

小華這時才知道照顧服務員與雇主訂立的書面勞動契約，需要送勞工局核備，才能適用《勞基法》第84條之1的規定。小華因此認為每週超過40小時的部分，應該要算加班費給他，老闆則認為每個月新臺幣26217元的薪水，已經包括每日8小時以外的加班費的工資在內，沒有短少支付。

勞資雙方透過勞資爭議調解程序，仍然無法解決爭端，小華向法院提起訴訟，主張自106年1月1日起至107年3月31日止，每個月工資新臺幣26217元，每日工作超過8小時部分，雇主都沒有給加班費，106年1月1日至107年2月28日期間，休息日加班共計20日、假日加班共計10日，107年3月1日至107年3月31日期間休息日加班共計2日，雇主也沒有給足加班費，請求雇主給足加班費，「閃閃長期照護中心」表示，中心的照顧服務員屬於適用《勞基法》第84條之1的人員，所給的每月薪水已經包含正常工時薪資220小時薪資，並沒有短缺，休息日加班、假日加班薪資如果有短缺願意支付。

解析

法院判決小華勝訴，主要理由如下：

1 勞動部前身之勞委會，於87年10月7日勞動二字第44756號，公告社會福利服務機構之輔導員（含保育員、助理保育員）、監護工，為適用《勞基法》第84條之1的人員。勞資雙方要適用《勞基法》第84條之1，排除《勞基法》第30條、第32條、第36條、第37條、第49條規定的限制，必須符合下列要件：

(1) 必須是勞動部公告的工作者。

(2) 勞資雙方必須參考《勞基法》所定基準，訂立書面契約。部分工作者，勞動部也訂有審核參考指引，例如：「社會福利服務機構輔導員（含保育員、助理保育員及監護工工作時間審核參考指引」，要求書面契約須載明勞工職稱、工作項目、工作權責、工作性質、工作時間、例假、休假、女性夜間工作等有關事項；勞工每日正常工作時數不得超過10小時加上延長工時不得超過12小時、每月工作總時數不得超過240小時等等。

(3) 勞資雙方訂立的書面契約必須送地方勞政主管機關核備。

2 勞資雙方如果沒有符合上述三點必備條件，雇主就不能主張勞工為適用《勞基法》第84條之1的人員。那麼這時雙方的勞動條件應如何界定？最高法院與最高行政法院曾有不同意見，後來經過《大法官釋字第 726 號解釋》，對於未經地方勞政主管機關核備的《勞基法》第 84 條之 1 人員的勞動契約，並非無效，而是就契約內容審視，仍不能排除《勞基法》第 30 條、第 32 條、第 36 條、第 37 條、第 49 條適用，對於正常工時仍以每日 8 小時計算，如逾越 8 小時部分，須加計延時工資（即加班費）。勞動契約如果有違反上述規定，不利勞工的部分，依據《勞基法》第 30 條以下的規定調整。

3 小華擔任「閃閃長期照護中心」的照顧服務員工作，雖然屬於適用《勞基法》第 84 條之 1 的人員，但是沒有將書面勞動契約送勞工局核備，首要須先檢視小華與「閃閃長期照護中心」的勞動契約有沒有超過《勞基法》第 30 條以下規定的每日正常工作時間 8 小時，每週正常工作時間 40 小時？每日正常工時加計延時工時不超過 12 小時？每月加班總時數不超過 46 小時？檢視結果如下：

　　小華每日上班為早上 7：30 至晚上 6：30，中間休息 1 小時，實際工作時間為 10 時，小華每日正常工作時數應調整為 8 小時，2 小時為加班。小華每月正常工作日為 22 日，則加班時數 2 小時 × 22 日 = 44 小時，未超過每月加班時數限制。

4 「閃閃長期照護中心」與小華約定的每月正常薪資為新臺幣 26217 元，其計算方式是以《勞基法》第 84 條之 1 人員之報備薪資計算方式，也就是以 22000 元 + 91.67 元 ×（220 小時 – 174 小時）= 26217 元。所以薪資應調整為小華工時每週 40 小時，每日 8 小時的月薪為新臺幣 22000 元，每日工作超過 8 小時的 2 個小時，應按《勞基法》第 24 條規定計算加班費新臺幣 244.45

元：

計算如下：

（每小時工資 91.67 元×1 又 1/3）×2 小時 ≒ 244.45 元

106 年 1 月 1 日至 107 年 3 月 31 日，合計有 309 日正常工作日，每個正常工作日，小華都是工作 10 小時，所以加班費總共為新臺幣 75535 元。

計算如下：

244.45 元（即 2 小時加班費）×309 ≒ 75535 元---106 年 1 月 1 日至 107 年 3 月 31 日之正常工作日的加班費總額

5 小華 106 年 1 月 1 日至 107 年 3 月 31 日之每月薪資與正常工作日的加班費總額為新臺幣 405535 元。

計算如下：

22000 元×15 月＋75535 元＝405535 元

6 「閃閃長期照護中心」短付小華 106 年 1 月 1 日至 107 年 3 月 31 日之加班費合計為新臺幣 12280 元。

計算式如下：

26217 元×15 月＝393255 元---「閃閃長期照護中心」106 年 1 月 1 日至 107 年 3 月 31 日實付每月薪資

405535 元－393255 元＝12280 元---「閃閃長期照護中心」短付之加班費

7 106 年 1 月 1 日至 107 年 2 月 28 日止，如果有於休息日加班，須依據 105 年 12 月 21 日公佈施行的《勞基法》第 24 條第 2 項、第 3 項規定，計算休息日加班的工資，小華的狀況，如果是休息日加班，也是早上 7：30 至晚上 6：30，中間休息 1 小時，實際工作時間為 10 小時，以 12 小時計，休息日加班 1 日工資應為新臺幣 2139 元，106 年 1 月 1 日至 107 年 2 月 28 日止，休息日加班 20 日，合計薪資應為 42780 元。

計算式如下：

（91.67 元 × 1 又 1/3 × 2 小時）+（91.67 元 × 1 又 2/3 × 6 小時）+（91.67 元 × 2 又 2/3 × 4 小時）

≒ 2139 元---休息日加班 1 日工資

2139 元 × 20 日 = 42780 元

8 107 年 3 月 1 日起，休息日加班的工時核實計算（註），休息日加班 1 日薪資為新臺幣 1650 元，休息日加班 2 日，合計薪資應為新臺幣 3300 元。

計算如下：

（91.67 元 × 1 又 1/3 × 2 小時）+（91.67 元 × 1 又 2/3 × 6 小時）+（91.67 元 × 2 又 2/3 × 2 小時）

≒ 1650 元---休息日加班 1 日工資

1650 元 × 2 日 ≒ 3300 元

9 按照《勞基法》第 39 條規定，勞工於假日加班，工資應加倍給，小華的狀況，如果是假日加班，也是早上 7：30 至晚上 6：30，中間休息 1 小時，實際工作時間為 10 時，工作 8 小時的部分加給 1 日工資，超過 8 小時的部分以《勞基法》第 24 條第 1 項規定計算加班費 106 年假日加班 10 日，假日加班加給 1 日薪水新臺幣 978 元，假日加班 10 日合計為新臺幣 9780 元。

計算式如下：

91.67 元 × 8 小時 +（91.67 元 × 1 又 1/3）× 2 小時

≒ 978 元---假日加班 1 日工資

978 元 × 10 日 = 9780 元

10「閃閃長期照護中心」短付小華 106 年 1 月 1 日至 107 年 3 月 31 日之休息日工資、假日工資合計為新臺幣 23860 元。

計算如下：

42780 元 + 3300 元 + 9780 元

= 55860 元---106 年 1 月 1 日至 107 年 3 月 31 日之休息日、假日加班工資

100 元 × 10 小時 ×（20 日 + 2 日 + 10 日）

= 32000 元---「閃閃長期照護中心」106 年 1 月 1 日至 107 年 3 月 31 日實付休息日、假日加班工資

55860 元 – 32000 元 = 23860 元「閃閃長期照護中心」短付之休息日、假日加班工資

11「閃閃長期照護中心」短付小華加班費、休息日加班費、假日加班費合計為新臺幣 36140 元，自應給付給小華。

計算式如下：

12280 元 + 23860 元 = 36140 元

參考法條

法　　條	內　　容
《勞動基準法》第 24 條	雇主延長勞工工作時間者，其延長工作時間之工資，依下列標準加給： 一、延長工作時間在二小時以內者，按平日每小時工資額加給三分之一以上。

法　　條	內　　容
	二、再延長工作時間在二小時以內者，按平日每小時工資額加給三分之二以上。 三、依第三十二條第四項規定，延長工作時間者，按平日每小時工資額加倍發給。 雇主使勞工於第三十六條所定休息日工作，工作時間在二小時以內者，其工資按平日每小時工資額另再加給一又三分之一以上；工作二小時後再繼續工作者，按平日每小時工資額另再加給一又三分之二以上。
《勞動基準法》 第 39 條	第三十六條所定之例假、休息日、第三十七條所定之休假及第三十八條所定之特別休假，工資應由雇主照給。雇主經徵得勞工同意於休假日工作者，工資應加倍發給。因季節性關係有趕工必要，經勞工或工會同意照常工作者，亦同。
《勞動基準法》 第 84 條之 1	經中央主管機關核定公告之下列工作者，得由勞雇雙方另行約定，工作時間、例假、休假、女性夜間工作，並報請當地主管機關核備，不受第三十條、第三十二條、第三十六條、第三十七條、第四十九條規定之限制。 一、監督、管理人員或責任制專業人員。 二、監視性或間歇性之工作。 三、其他性質特殊之工作。 前項約定應以書面為之，並應參考本法所定之基準且不得損及勞工之健康及福祉。

法　　條	內　　容
《社會福利服務機構輔導員（含保育員、助理保育員）及監護工工作時間審核參考指引》 第四項、第六項	四、工時安排應合理化 勞工每日正常工作時間不得超過 10 小時；連同延長工作時間，1 日不得超過 12 小時……。中華民國 103 年 1 月 1 日起每月工作總時數不得超過 240 小時。 六、維持適度休假 紀念日、勞動節日及其他由中央主管機關規定應放假之日，均應休假，工資應由雇主照給。雇主經徵得勞工同意於休假日工作者，工資應加倍發給；惟不宜年度休假均以加給假日出勤工資方式實施。

參考解釋

解釋文號	內　　容
大法官釋字第 726 號解釋	勞動基準法第八十四條之一有關勞雇雙方對於工作時間、例假、休假、女性夜間工作有另行約定時，應報請當地主管機關核備之規定，係強制規定，如未經當地主管機關核備，該約定尚不得排除同法第三十條、第三十二條、第三十六條、第三十七條及第四十九條規定之限制，除可發生公法上不利於雇主之效果外，如發生民事爭議，法院自應於具體個案，就工作時間等事項另行約定而未經核備者，本於落實保護勞工權益之立法目的，依上開第三十條等規定予以調整，並依同法第二十四條、第三十九條規定計付工資。

解釋文號	內　　容
勞委會 87 年 10 月 7 日勞動二字第 44756 號公告	核定……社會福利服務機構之輔導員、監護工為勞動基準法第八十四條之一之工作者。

註：106 年、107 年休息日加班工資計算方式不同，是因為法律修改的緣故，在 106 年 1 月 1 日至 107 年 2 月 28 日止計算休息日加班是以 4 個小時為一單位，如果不滿 4 小時，均以 4 小時計算，所以小華休息日加班超過 8 小時部分，雖然不滿 4 小時，仍以 4 小時核計加班費，107 年 3 月 1 日起，休息日加班，以實際加班的時數核計加班費。

案例編

07

錢要算清楚

——遇到職業災害怎麼算？

7-1 上下班回家必經之路發生交通事故，且非出於勞工私人行為違反法令者，也算是職業災害

案例

小明在「亮亮商店」擔任店員，受傷前月薪新臺幣 36000 元，104 年 6 月 1 日下班後，小明騎摩托車回家路上，遭到小強駕駛的貨車撞傷，導致小明頸椎第四節骨折併四肢癱瘓，小明在受傷 1 年半後，經由醫院鑑定永久失能二等級，經過勞保局核定按平均月投保薪資數額核發給職業傷病失能給付 1500 日薪資，一次請領完畢。

「亮亮商店」的老闆老陳在小明受傷之後，除了探望過小明 1 次之後，就沒有再與小明聯絡，小明的哥哥小華覺得老陳實在太不照顧員工了，因此到勞工局詢問勞工權益，才知道「亮亮商店」應該要負擔職業災害補償責任，小華到「亮亮商店」找老陳，希望老陳能夠支付一些金額給小明，但是老陳說小明下班後發生車禍，不是他的責任，何況小明也領到勞保失能給付及車禍賠償了，請體諒他小本經營，實在沒有能力付任何費用。

小明因此委託律師到地方法院，提起訴訟，主張「亮亮商店」應該依據《勞基法》第 59 條規定，給予勞保、汽車強制險支付以外的自付醫療費用、工資、殘廢補償，「亮亮商店」以小明是下班回家途中發生車禍，並非執行「亮亮商店」的工作而受傷，不算職業災害，雇主沒有補償責任，既然事故發生 1 年半後，已經鑑定為失能，失能之後就不能工作了，不能再請求工資補償，而且小明已經領取勞保失能給付、汽車強制險給付、交通事故肇事者支付的損害賠償金，應可抵充補償責任。

解析

法院判決小明勝訴，主要理由如下：

1. 勞委會 77 年 3 月 29 日臺勞安字第 3540 號函釋勞工於上下班時間必經途中遭受災害，非出於私人行為違反法令者，應屬職業災害。又依據《勞工保險被保險人因執行職務而致傷病審查準則》第 4 條、第 18 條，對於被保險人上、下班途中發生意外事故，是否屬於職業災害給付範圍，有明確的界定。勞工下班回家途中，如非因為勞工不法原因，所遭致的意外事故，勞工身體受傷或死亡，均屬職業災害，本件小明下班回家途中，因他人違反交通規則撞傷小明，對小明而言，自屬遭受職業災害。

2. 按照《勞基法》第 59 條規定，勞工遭受職業災害，雇主須負補償責任，補償的範圍，則依照勞工受傷、死亡、殘廢狀況予以醫療費用、工資、殘廢、喪葬費用、死亡補償。

3. 針對小明車禍造成的受傷、失能，雇主所負責任如下：

   (1) 醫療費用：小明為了治療本次車禍受傷住院及出院之後的門診醫療復健，除了汽車強制險、全民健保、勞保醫療給付之外，小明還是自己支付了新臺幣 45000 元（註 1），此部分均為必要的醫療費用，依據《勞基法》第 59 條第 1 項第 1 款規定，雇主「亮亮商店」須補償小明實際支出的醫療費用。

   (2) 工資：依據《勞基法》第 59 條第 1 項第 2 款規定，勞工因為職業災害，醫療中不能工作，雇主應該按照原領工資補償。所謂「原領工資」，依據《勞基法施行細則》第 31 條規定，是指勞工遭遇職業災害前一日正常工作時間所得的工資，勞工如果是領月薪的話，以遭遇職業災害前最近一個月正常工作時間所得的工資除以30所得的金額為1日工資。小明主張自受傷開始無法上班，雇主也都沒有再付薪水給他，因此請求雇主支付自 104 年 6 月 2 日起 2 年的工資補償，小明受傷前月薪新臺幣 36000 元，2 年工資為新臺幣 864000 元（計算式：36000 元 × 24 月 = 864000 元），自應准許。

(3) 殘廢補償：小明已經過醫院鑑定失能 2 級，並已領取勞保 1500 日投保薪資的失能給付。依據《勞基法》第 59 條第 1 項第 3 款規定，雇主對於勞工的殘廢補償責任是以勞工平均工資及殘廢程度，一次給予殘廢補償。殘廢補償標準依勞工保險條例有關規定（註 2）。勞資雙方均不爭執小明在發生事故前 6 個月平均工資為每月新臺幣 36000 元，折算每日工資為新臺幣 1200 元（計算式：36000 元 ÷ 30 日 = 1200 元），勞保失能給付補償小明 1500 日投保薪資，因此按照小明平均每日工資新臺幣 1200 元補償 1500 日薪資，也就是新臺幣 1800000 元（計算式：1200 元 × 1500 日 = 1800000 元），為「亮亮商店」需支付的殘廢補償。

(1) 綜上，「亮亮商店」應補償小明新臺幣 2709000 元（計算式：45000 元 + 864000 元 + 1800000 元 = 2709000 元）。

4 「亮亮商店」抗辯不必負責的理由，均不可採，於法無據，說明如下：

(1) 小明已經向勞保局請領殘廢給付，按照《勞基法》第 59 條第 1 項但書規定，雇主可以抵充需負擔的殘廢補償，但是《勞基法》第 59 條第 1 項但書規定，是指已由雇主投保勞工保險，負擔雇主應負擔保費，或雇主投保商業保險，雇主可以就勞工因此獲得理賠的金額，主張抵充補償責任，但是小明獲得理賠是因為小明自行向職業工會投保勞保而獲得理賠，雇主並未替其分攤保費，因此「亮亮商店」不得主張小明已經向勞保局請領殘廢給付而抵充補償責任。

(2) 勞工發生職業災害時，雇主不可以任意終止勞動契約，勞工醫療終止經鑑定失能後，也不必然造成勞動契約終止，必須符合《職業災害勞工保護法》第 23 條規定之要件，雇主才可以預告終止與職業災害勞工的勞動契約，並未規定勞工經鑑定失能無法工作後就當然終止勞動契約，而且工資補償的目的是為了維持遭受職業災害勞工基本生活，與失能殘廢補償目的在於補償勞動能力喪失目的與條件不同，《勞基法》第 59 條第 1 項第 2 款工資補償、第3款殘廢補償也沒有聯動關係，「亮亮商店」在小明經過醫院鑑定失能之後，也未曾終止勞動契約，「亮亮商店」主張小明在受傷 1 年半之後經過醫院鑑定失能，就不能再請求鑑定失能以後日數的工資補償，並無法律依據。

(3) 勞工就第三人所造成的職業災害，法律關係上，可以對第三人主張侵權行為損害賠償，與雇主應負擔的補償責任是不同的法律關係，沒有互相抵充的關係，雇主不可以勞工對於第三人另有侵權行為損害賠償之請求權，或者已經獲得加害者賠償，而減少補償責任。「亮亮商店」自不可以小明獲得汽車強制險理賠及汽車肇事者的賠償而減少補償責任。

參考法條

法　　條	內　　容
《勞動基準法》 第 59 條 第 1 項 第 1 款至第 3 款	勞工因遭遇職業災害而致死亡、殘廢、傷害或疾病時，雇主應依左列規定予以補償。但如同一事故，依勞工保險條例或其他法令規定，已由雇主支付費用補償者，雇主得予以抵充之： 一、勞工受傷或罹患職業病時，雇主應補償其必需之醫療費用。職業病之種類及其醫療範圍，依勞工保險條例有關之規定。 二、勞工在醫療中不能工作時，雇主應按其原領工資數額予以補償。但醫療期間屆滿二年仍未能痊癒，經指定之醫院診斷，審定為喪失原有工作能力，且不合第三款之殘廢給付標準者，雇主得一次給付四十個月之平均工資後，免除此項工資補償責任。 三、勞工經治療終止後，經指定之醫院診斷，審定其身體遺存殘廢者，雇主應按其平均工資及其殘廢程度，一次給予殘廢補償。殘廢補償標準，依勞工保險條例有關之規定。
《勞動基準法施行細則》 第 31 條 第 1 項	本法第五十九條第二款所稱原領工資，係指該勞工遭遇職業災害前一日正常工作時間所得之工資。其為計月者，以遭遇職業災害前最近一個月正常工作時間所得之工資除以三十所得之金額，為其一日之工資。

法　　條	內　　容
《勞工保險被保險人因執行職務而致傷病審查準則》 第 4 條 第 1 項	被保險人上、下班，於適當時間，從日常居、住處所往返就業場所，或因從事二份以上工作而往返於就業場所間之應經途中發生事故而致之傷害，視為職業傷害。
《勞工保險被保險人因執行職務而致傷病審查準則》 第 18 條	被保險人於第四條、第九條、第十條、第十六條及第十七條之規定而有下列情事之一者，不得視為職業傷害： 一、非日常生活所必需之私人行為。 二、未領有駕駛車種之駕駛執照駕車。 三、受吊扣期間或吊銷駕駛執照處分駕車。 四、經有燈光號誌管制之交岔路口違規闖紅燈。 五、闖越鐵路平交道。 六、酒精濃度超過規定標準、吸食毒品、迷幻藥或管制藥品駕駛車輛。 七、駕駛車輛違規行駛高速公路路肩。 八、駕駛車輛不按遵行之方向行駛或在道路上競駛、競技、蛇行或以其他危險方式駕駛車輛。 九、駕駛車輛不依規定駛入來車道。

參考解釋

解釋文號	內　容
勞委會 77 年 3 月 29 日臺勞安字第 3540 號函釋	一、勞工於上下班時間必經途中遭受災害，非出於私人行為違反法令者，應屬職業災害。 二、勞工下班後返回原戶籍地，翌日趕返上班必經途中發生車禍；如該戶籍地為日常居住之處所，且無違反法令情事者，亦屬職業災害。 三、勞工上下班後直接前往勞保指定醫院門診：如係罹患職業傷病所必要之續診，於返家必經途中發生之車禍，屬職業災害，如係普通傷病之一般門診，難謂職業災害。

註 1：《勞工保險條例》第 41 條至第 43 條規定，被保險人（即勞工）遭遇職業傷害或罹患職業病，應向全民健康保險醫事服務機構申請診療，免繳交健保規定之部分負擔醫療費用，被保險人之保險醫療費用由勞工保險署支付。另享有住院期間 30 日內膳食費半數之補助，醫療費用支付標準準用全民健康保險有關規定辦理。但是如果勞工選擇使用自費醫療部分，則仍由勞工自費支出。

註 2：勞工職災傷害或罹患職業病，造成永久失能的勞保失能給付標準，勞動部依據《勞工保險條例》第 54 條授權，訂有《勞工保險失能給付標準》暨附表，詳列失能的項目、等級、補償日數以及所需之醫療鑑定等級。

給雇主的話

雇主僱用勞工不滿 5 人的時候，雖非強制投保勞保的單位，但是勞工如果發生職業災害或罹患職業病時，雇主必須負擔《勞基法》第 59 條的補償責任，責任重大。在事業經營上，為了避免過大風險，雇主除了要依據《職業安全衛生法》暨其子法建立各項安全預防設備、措施之外，即使不屬於強制投保單位，基於風險控管且保障勞工權益，最好還是主動設立為勞保投保單位，並核實為受僱勞工加保。

7-2 勞工罹患職業病之後離職，雇主是否須負法定補償責任？

案例

小美於106年6月1日起擔任「閃閃護膚中心」美容師，工作內容為替客人指壓、油壓，每個月薪水新臺幣25000元，如果業績達一定額度，另計業績獎金，工作半年後，小美罹患腕隧道症候群病症，經過醫院診斷評估，認為該病症是因為長期從事指壓油壓工作造成，開刀需休養4週。

小美罹患腕隧道症候群病症與從事指壓、油壓工作有因果關係存在，屬於罹患職業病，此時雇主就產生《勞基法》第59條的補償責任。小美拿醫院診斷證明要請公傷假，「閃閃護膚中心」的老闆大美很不高興，雖然沒有明白拒絕，但是一直要小美想清楚，小美也不想揣測老闆大美的意思，小美就跟老闆表示下週就要去開刀，希望老闆支付4週工資補償費，老闆則說因為有幫小美投保勞保，小美可以申請職災傷病給付，並且提醒小美還欠「閃閃護膚中心」新臺幣5000元，要趕快歸還。

小美開刀治療腕隧道症候群病症休養期間，覺得自己不適合「閃閃護膚中心」的工作，就自請離職，但是老闆都沒有要支付補償金的意思，小美因此向法院提出訴訟，要求「閃閃護膚中心」應該支付自付的醫療費用新臺幣505元、4週工資補償新臺幣23333元，合計新臺幣23838元。「閃閃護膚中心」則主張小美任職期間有投保勞保，可以請領傷病給付，足供抵充，而且小美還欠「閃閃護膚中心」新臺幣5000元，抵銷後，反而是小美還要付給「閃閃護膚中心」。

解析

法院判決小美部分勝訴，主要理由如下：

1. 依據《勞基法》第 61 條第 2 項前段規定，勞工於執行職務罹患職業病，雖勞工醫治期間已經離職，原雇主仍應負擔《勞基法》第 59 條的補償責任。

2. 勞工罹患職業病，依據《勞基法》第 59 條第 1 項規定，可請求雇主給付醫療費用補償、工資補償，如經醫院判定失能之殘廢補償；如果死亡，雇主須支付喪葬、死亡補償。

3. 職業病之門診、住院醫療，由勞保給付，但是門診掛號還是需要自付，此為必要費用，小美支付了新臺幣 505 元，自須由雇主負責補償。

4. 勞工因為罹患職業病需醫療而不能工作期間，雇主應該補償勞工醫療期間的原領工資，所謂「原領工資」，依據《勞基法施行細則》第 31 條規定，是指勞工遭遇職業災害前一日正常工作時間所得的工資，勞工如果是領月薪的話，以遭遇職業災害前最近一個月正常工作時間所得的工資除以 30 所得的金額為 1 日原領工資。小美每月正常工作薪資為新臺幣 25000 元，1 日原領工資即為新臺幣 833.33 元（計算式：25000 元 ÷ 30 日 = 833.33 元），醫療期間為 4 週，合計小美可請求的工資補償為新臺幣 23333 元（計算式：833.33 元 × 28日 = 23333 元）。

5. 小美因為罹患職業病，可以申請勞保傷病給付（註），小美已領得新臺幣 5880 元，小美可以請領勞保職業病傷病給付，是因為雇主替小美加保勞保之故（勞保中的職業災害部分，保費均由雇主負擔），依據《勞基法》第 59 條第 1 項但書規定，雇主就小美領得的職業病傷病給付，可以主張抵充。

6 小美在離職前還積欠雇主債務新臺幣 5000 元，雖然《民法》第 334 條第 1 項前段規定，二人互負債務，而其給付種類相同，並均屆清償期者，各得以其債務與他方之債務，互為抵銷，但是該條項但書也規定依債之性質不能抵銷者，不在此限，職業災害或職業病的補償權利義務，就是性質上不能為抵銷，《勞基法》第 61 條第 2 項後段明文規定，依據《勞基法》第 59 條規定，受領補償的權利，不得讓與、抵銷、扣押或擔保，所以雇主不得以小美尚積欠雇主的債務，主張抵銷法定補償責任。

7 小美可請求的補償新臺幣 23808 元，須扣除抵充的傷病給付新臺幣 5880 元，小美實際上僅能請求「閃閃護膚中心」支付新臺幣 17928 元（計算式：23808 元 – 5880 元 = 17928 元）。

參考法條

法　　條	內　　容
《民法》 第 334 條 第 1 項	二人互負債務，而其給付種類相同，並均屆清償期者，各得以其債務，與他方之債務，互為抵銷。但依債之性質不能抵銷或依當事人之特約不得抵銷者，不在此限。
《勞動基準法》 第 59 條 第 1 項 第 1 款至第 3 款	勞工因遭遇職業災害而致死亡、殘廢、傷害或疾病時，雇主應依左列規定予以補償。但如同一事故，依勞工保險條例或其他法令規定，已由雇主支付費用補償者，雇主得予以抵充之：

法　　條	內　　容
	一、勞工受傷或罹患職業病時，雇主應補償其必需之醫療費用。職業病之種類及其醫療範圍，依勞工保險條例有關之規定。 二、勞工在醫療中不能工作時，雇主應按其原領工資數額予以補償。但醫療期間屆滿二年仍未能痊癒，經指定之醫院診斷，審定為喪失原有工作能力，且不合第三款之殘廢給付標準者，雇主得一次給付四十個月之平均工資後，免除此項工資補償責任。 三、勞工經治療終止後，經指定之醫院診斷，審定其身體遺存殘廢者，雇主應按其平均工資及其殘廢程度，一次給予殘廢補償。殘廢補償標準，依勞工保險條例有關之規定。
《勞動基準法》 第 60 條	雇主依前條規定給付之補償金額，得抵充就同一事故所生損害之賠償金額。
《勞動基準法》 第 61 條 第 2 項	受領補償之權利，不因勞工之離職而受影響，且不得讓與、抵銷、扣押或供擔保。
《勞動基準法施行細則》 第 31 條 第 1 項	本法第五十九條第二款所稱原領工資，係指該勞工遭遇職業災害前一日正常工作時間所得之工資。其為計月者，以遭遇職業災害前最近一個月正常工作時間所得之工資除以三十所得之金額，為其一日之工資。

註：依據《勞工保險條例》第 34 條、第 36 條規定，被保險人（即勞工）因執行職務而致傷害或職業病不能工作，以致未能取得原有薪資，正在治療中者，自不能工作之第 4 日起，得請領職業傷

病補償費或職業病補償費。職業傷害補償費及職業病補償費，均按被保險人遭受傷害或罹患職業病之當月起前 6 個月平均月投保薪資 70%，自不能工作之第 4 日起發給，每半個月給付一次；如經過 1 年尚未痊癒者，減為平均月投保薪資之半數，但以一年為限，前後合計共發給 2 年。

給受僱人的話

受僱人工作時，都會存在職業災害或職業病的風險，勞保給付可以提供受僱人基本保障，有的受僱人為了避免負擔自負額保費或者因為本身有債務而不願投保勞保，其實是讓自己曝於風險之中，還是以能夠投保勞保，做為基本保障為較佳的選擇。

7-3 雇主未盡防護義務，造成勞工職業災害，應負損害賠償責任

案例

阿華擔任「閃閃化學公司」的技術員，104 年 6 月 1 日在廠房執行工作時，置放化學材料桶的設備突然斷落，導致化學液劑濺出，阿華雖然戴著護目鏡，仍然被化學液劑噴到眼睛。正在旁邊的同事阿明趕快扶阿華到洗手台沖洗眼睛，並立刻送往附近眼科急救。

阿華請兩天公傷假在家休養，但是仍然感覺不適，因此再到醫院檢查，醫院發現眼睛受損嚴重，立刻安排阿華住院開刀，阿華休養 3 個月之後，回公司上班，並且持續門診治療。由於治療還沒有停止，阿華無法取得勞保失能診斷書，還不能請求勞保失能給付。阿華擔憂超過時效，沒辦法向雇主請求勞動能力減損損害，所以趕在職業災害發生後 2 年屆滿前，向法院提起訴訟，主張雇主的化學劑桶裝置設備沒有注意到安全設計，造成化學劑桶翻覆、沒有設洗眼機、提供的護目鏡不安全，無法將眼睛全部罩住保護，雇主「閃閃化學公司」與董事長應連帶負侵權行為損害賠償責任，給付勞動能力減損賠償與精神損害賠償，並且在訴訟中由醫院鑑定阿華右眼視力已經無法再醫療回復，視力減損 15%。

雇主與董事長在訴訟中抗辯阿華都還沒申請到勞保失能給付，而且到目前為止，阿華也都仍在公司工作，薪水也沒變，視力雖然減退，但對他的工作實際上無影響，可以證明沒有勞動能力減損，雖然公司因為沒有設置洗眼機設備而被處罰，但是公司設有洗手台，發生事故時可以立刻沖洗眼睛，而且附近就有眼科，方便醫治，並未影響

到勞工的救治時機，在防範勞工安全上，公司也沒有過失，不應負損害賠償責任，再者阿華已經領到勞保醫療給付與傷害給付，「閃閃化學公司」也主張如需賠償阿華勞動能力減損時，需將阿華已經領到勞保醫療給付與工資補償抵充一部份賠償。董事長另外主張阿華的雇主是「閃閃化學公司」，董事長不是阿華的雇主，所有雇主應該負的責任應由「閃閃化學公司」，而非由董事長負賠償責任。

解析

法院判決阿華勝訴，主要理由如下：

1. 《職業災害勞工保護法》第 7 條規定，勞工因職業災害所致之損害，雇主應負損害賠償責任，但雇主能證明雇主無過失者，不在此限。勞工遭受職業災害，雇主依據《勞基法》第 59 條規定所負擔之補償責任是無過失責任，而依據《職業災害勞工保護法》第 7 條所負的是過失責任，雇主如果未盡到法令要求提供的安全工作環境，勞工工作時遭致職業災害，雇主須負損害賠償責任。

2. 《職業安全衛生法》第 5 條、第 6 條第 1 項規定雇主提供勞工工作的環境，應在合理範圍內，有必要的安全設備或措施，使勞工免於發生職業災害，勞動部職業安全衛生署並訂立《職業安全衛生設施規則》、《各類物質器物危害預防標準》，以供事業單位遵循，事業單位如果沒有遵守已經規定的防護標準，致發生職業災業，雇主對於勞工所受損害需負損害賠償責任。

3. 阿華在「閃閃化學公司」的工作場所，需使用化學液劑工作，雇主應該依據《職業安全衛生設施規則》第 153 條規定，對於堆置物料，為防止倒塌、崩塌或掉落，應採取繩索捆綁、護網、擋樁、限制高度或變更堆積等必要設施；同規則第 318 條、《特定化學物質危害預防標準》第 36 條等規定， 對於勞工從事其身體或衣著有被污染之虞的特殊作業時，應該置備勞工洗眼、洗澡、漱口、更衣、洗滌等設備。雇主缺少這些設備，就是未盡相當保護義務，而有過失，對於勞工所受損害，需負損害賠償責任。

4 實務上採「法人實在說」者，認為法人違反保護他人之法律，致生損害於他人者，也可依《民法》第 184 條第 2 項規定，負損害賠償責任。

5 《職業安全衛生法》第 2 條第 1 項第 3 款定義，雇主是指事業主或事業執行的經營人，又《公司法》第 23 條第 2 項規定，公司負責人對於業務執行如有違反法令，致他人受損害時，公司負責人與公司連帶負損害賠償責任。所以董事長雖抗辯阿華的雇主為「閃閃化學公司」，但是在職業災害賠償事件，董事長與公司應連帶負損害賠償責任。

6 雇主未盡到防護設施設置義務，造成勞工服勞務時，發生職業災害，受有身體健康傷害時，按照《民法》第 193 條、第 195 條規定，雇主須對勞工負擔醫藥費、增加的生活支出、薪資減損、勞動能力減損、精神損害賠償。

7 醫生也認定阿華眼睛視力無法回復減損勞動能力 15%，可以認定阿華勞動能力減損 15%，雇主雖然主張阿華還沒有取得勞保鑑定失能，取得勞保失能給付，尚未達勞動能力減損，經訴訟中調查，得知阿華還無法請領勞保失能給付，是因為醫療還未終止，醫院還無法確定失能的等級，不是阿華勞動能力沒有減損。

8 關於勞動能力減損，如何計算減損金額，實務上採勞動能力喪失說，只要被害人身體健康受有損害，以致減少或喪失勞動能力本身就是損害，不限於實際所得損失。雇主雖然主張阿華眼睛受傷後，仍然在公司工作，薪水沒變，勞動能力沒有減損，與實務上法律評價不符。

9 勞動能力減損賠償金額計算標準，勞工於職災事故發生前之薪水，可以作為評估標準，因為是採用一次領取工作年限的勞動能力損失，所以計算勞動能力損失總額，要扣除中間利息（利息以霍夫曼係數計算）（註 1），阿華在職災事故發生前之薪水每月為新臺幣 36000 元，65 歲為強制退休年齡，阿華在 106 年 3 月 30 日經醫院鑑定勞動能力減損 15%，阿華為民國 71 年 3 月 30 日出生之人，距離強制退休 65 歲，還有 30 年的工作年限，按照霍夫曼係數第 1 年不扣除中間利息計算，係數為 18.6293123，因此勞動能力損害賠償為新臺幣 1207179 元（計算式：36000 元 × 15% × 12 月 × 18.6293123 = 1207179 元）。

10 被害人身體受傷，加害人應對被害人的精神損害，負損害賠償責任，民法第 195 條訂有明文。審酌阿華受傷的狀況、雇主與勞工身分、社會地位、經濟等一切情狀，精神損害賠償為 30 萬元（註 2）。

11 雇主雖然主張阿華領到醫療、傷害給付，如果需要賠償勞工，可以抵充部分金額，但是本件賠償，阿華並未請求醫療費、薪資減損賠償，而是請求勞動能力減損損害賠償、精神損害賠償。阿華領到醫療、傷害給付與勞動能力減損損害賠償、精神損害賠償無對應關係，不能抵充。

參考法條

法　條	內　容
《民法》 第 184 條	因故意或過失，不法侵害他人之權利者，負損害賠償責任。故意以背於善良風俗之方法，加損害於他人者亦同。 違反保護他人之法律，致生損害於他人者，負賠償責任。但能證明其行為無過失者，不在此限。
《民法》 第 193 條	不法侵害他人之身體或健康者，對於被害人因此喪失或減少勞動能力或增加生活上之需要時，應負損害賠償責任。 前項損害賠償，法院得因當事人之聲請，定為支付定期金。但須命加害人提出擔保。
《民法》 第 195 條 第 1 項	不法侵害他人之身體、健康、名譽、自由、信用、隱私、貞操，或不法侵害其他人格法益而情節重大者，被害人雖非財產上之損害，亦得請求賠償相當之金額。其名譽被侵害者，並得請求回復名譽之適當處分。
《公司法》 第 23 條 第 2 項	公司負責人對於公司業務之執行，如有違反法令致他人受有損害時，對他人應與公司負連帶賠償之責。
《勞動基準法》 第 59 條 第 1 項	勞工因遭遇職業災害而致死亡、殘廢、傷害或疾病時，雇主應依左列規定予以補償。但如同一事故，依勞工保險條例或其他法令規定，已

法　　條	內　　容
	由雇主支付費用補償者，雇主得予以抵充之： 一、勞工受傷或罹患職業病時，雇主應補償其必需之醫療費用。職業病之種類及其醫療範圍，依勞工保險條例有關之規定。 二、勞工在醫療中不能工作時，雇主應按其原領工資數額予以補償。但醫療期間屆滿二年仍未能痊癒，經指定之醫院診斷，審定為喪失原有工作能力，且不合第三款之殘廢給付標準者，雇主得一次給付四十個月之平均工資後，免除此項工資補償責任。 三、勞工經治療終止後，經指定之醫院診斷，審定其身體遺存殘廢者，雇主應按其平均工資及其殘廢程度，一次給予殘廢補償。殘廢補償標準，依勞工保險條例有關之規定。
《勞動基準法》 第 60 條	雇主依前條規定給付之補償金額，得抵充就同一事故所生損害之賠償金額。
《職業災害勞工保護法》 第 7 條	勞工因職業災害所致之損害，雇主應負賠償責任。但雇主能證明無過失者，不在此限。
《職業安全衛生法》 第 2 條 第 1 項 第 3 款	本法用詞，定義如下： 三、雇主：指事業主或事業之經營負責人。
《職業安全衛生法》 第 5 條 第 1 項	雇主使勞工從事工作，應在合理可行範圍內，採取必要之預防設備或措施，使勞工免於發生職業災害。

法　　條	內　　容
《職業安全衛生法》 第6條 第1項、第3項	雇主對下列事項應有符合規定之必要安全衛生設備及措施： 一、防止機械、設備或器具等引起之危害。 二、防止爆炸性或發火性等物質引起之危害。 三、防止電、熱或其他之能引起之危害。 四、防止採石、採掘、裝卸、搬運、堆積或採伐等作業中引起之危害。 五、防止有墜落、物體飛落或崩塌等之虞之作業場所引起之危害。 六、防止高壓氣體引起之危害。 七、防止原料、材料、氣體、蒸氣、粉塵、溶劑、化學品、含毒性物質或缺氧空氣等引起之危害。 八、防止輻射、高溫、低溫、超音波、噪音、振動或異常氣壓等引起之危害。 九、防止監視儀表或精密作業等引起之危害。 十、防止廢氣、廢液或殘渣等廢棄物引起之危害。 十一、防止水患或火災等引起之危害。 十二、防止動物、植物或微生物等引起之危害。 十三、防止通道、地板或階梯等引起之危害。 十四、防止未採取充足通風、採光、照明、保溫或防濕等引起之危害。

法　條	內　容
	…… 前二項必要之安全衛生設備與措施之標準及規則，由中央主管機關定之。
《職業安全衛生設施規則》 第 153 條	雇主對於堆置物料，為防止倒塌、崩塌或掉落，應採取繩索捆綁、護網、擋樁、限制高度或變更堆積等必要設施，並禁止與作業無關人員進入該等場所。
《職業安全衛生設施規則》 第 318 條	雇主對於勞工從事其身體或衣著有被污染之虞之特殊作業時，應置備該勞工洗眼、洗澡、漱口、更衣、洗滌等設備。前項設備，應依下列規定設置： 一、刺激物、腐蝕性物質或毒性物質污染之工作場所，每十五人應設置一個冷熱水沖淋設備。 二、刺激物、腐蝕性物質或毒性物質污染之工作場所，每五人應設置一個冷熱水盥洗設備。
《特定化學物質危害預防標準》 第 36 條	雇主使勞工從事製造、處置或使用特定化學物質時，應設置洗眼、沐浴、漱口、更衣及洗衣等設備。但丙類第一種物質或丁類物質之作業場所並應設置緊急沖淋設備。

註 1：勞動能力減損是隨著時間發展陸續發生，被害人要求加害人一次履行，也就是加害人本來有分期給付的利益，如果要求加害人提前支付，就要扣除中間利息，中間利息的計算方式，實務上以霍夫曼係數計算，例如本件勞動能力減損共計 30 年，如果採每

年支付的方式，總額為新臺幣 1944000 元（36000 元 × 15% × 12 月 × 30 年= 1944000 元），如果要採 1 次支付方式，就要扣除中間利息，1 次支付新臺幣 1207179 元。

註 2：職業災害損害賠的精神損害賠償，並非一定是新臺幣 30 萬元，本件金額只是提供讀者參考而已，在具體案例裡，法院依據個案狀況，判決被害人精神損害的金額。

給雇主的話

雇主有提供勞工安全的工作環境之義務，勞動部也訂有各項防護設施或安全標準，雇主要隨時檢視工作環境是否符合主管機關要求的標準，否則一旦發生勞工於執行職務受傷或死亡時，雇主需負損害賠償責任，此項責任是比職災補償責任還重大，不可不慎。

7-4 小包商的勞工發生職業災害，承攬人也要與小包商共同負責

案例

「閃閃工程公司」承攬作機器公司的廠房，並將鋼筋部份發包給老華承攬，老華指派所屬工人小強負責綁鋼筋工作，小強趁工作空檔在工地大門口附近抽煙，不料另一水泥包商的司機在工地開混凝土攪拌車倒車，不慎撞到小強，導致小強傷重死亡。

小強的遺屬有老婆與小孩 1 人，兩人共同提起訴訟，要求「閃閃工程公司」、老華連帶負擔職業災害補償責任，「閃閃工程公司」主張小強的雇主是老華，應由老華負責，老華則說自己是僱用小強綁鋼筋，已經有告訴小強，休息時不要跑到工地門口，因為大門口有工程車進出，小強還跑到大門口附近抽煙，也應該有過失相抵的責任，事發後，自己也給小強的老婆新臺幣 100000 元慰問金，若要支付補償金也該算進去，而且小強的家屬也已領得勞保給付，應該可以抵充補償責任。

解析

法院審理後，判決小強的老婆與小孩勝訴，主要理由如下：

1. 勞工在工地工作，本來就伴隨可能發生之潛在危險，老華雖抗辯小強不應該在休息時間跑到工地大門口抽煙，工地隨時會有工程相關的車輛出入，對於工地內施工人原本有潛在危險，本件事故屬於職業災害。

2 依據勞基法第 59 條規定，勞工因遭遇職業災害而致死亡時，雇主應對勞工的家屬負補償責任。雇主需負職業災害補償責任，在於保障勞工，加強勞、雇關係、促進社會經濟發展，性質上非屬損害賠償。職業災害補償制度，對受到「與工作有關傷害」的受僱人，提供及時有效之薪資利益、醫療照顧及勞動力重建措施之制度，維護勞動者及其家屬之生存權，並保存或重建個人及社會之勞動力，使受僱人及受其扶養之家屬不致陷入貧困之境，以免造成社會問題，因此職業災害補償制度之特質係採無過失責任主義，凡雇主對於業務上災害之發生，不問其主觀上有無故意過失，皆應負補償之責任，受僱人縱使與有過失，亦不減損其應有之權利。因此勞工遭受職業災害時，即使勞工也有過失，雇主不得主張過失相抵。

3 事業單位以其事業招人承攬，如有再承攬時，承攬人或中間承攬人，就各該承攬部分所使用之勞工，均應與最後承攬人，連帶負雇主職業災害補償之責任，《勞基法》第 62 條第 1 項定有明文，「閃閃工程公司」為本件工程的承攬人，雖然不是小強的雇主，但「閃閃工程公司」將其中的工項發包給老華承攬，老華為次承攬人，「閃閃工程公司」、老華應對小強所生職業災害連帶負擔補償責任。

4 依據《勞基法》第 59 條第 1 項規定，勞工因遭遇職業災害死亡時，雇主應給予 5 個月平均工資作為喪葬費之外，需給遺屬 40 個月平均工資的死亡補償。受領補償的第一優先順位為勞工的配偶子女，因此小強的老婆、小孩可以請求補償。

5 《勞基法》第 59 條第 1 項規定，同一事故，勞工家屬已領得勞保補償，雇主可以抵充補償費，但是本件小強家屬所領勞保給付，是基於小強生前在職業工會投保勞保，因保險事故發生而領取的給付，並非由老華為投保單位，由老華以小強為其受僱人加保而受領的勞保給付，所以老華不得主張抵充。

6 老華在事故發生後，曾先給小強的老婆新臺幣 10 萬元慰問金，此部分可在「閃閃工程公司」、老華連帶負擔的補償責任中扣除。

參考法條

法　　條	內　　容
《勞動基準法》 第 59 條 第 1 項 第 4 款	勞工因遭遇職業災害而致死亡、殘廢、傷害或疾病時，雇主應依左列規定予以補償。但如同一事故，依勞工保險條例或其他法令規定，已由雇主支付費用補償者，雇主得予以抵充之…… 四、勞工遭遇職業傷害或罹患職業病而死亡時，雇主除給與五個月平均工資之喪葬費外，並應一次給與其遺屬四十個月平均工資之死亡補償。其遺屬受領死亡補償之順位如左： (一) 配偶及子女。 (二) 父母。 (三) 祖父母。 (四) 孫子女。 (五) 兄弟姐妹。

法　　條	內　　容
《勞動基準法》 第 62 條	事業單位以其事業招人承攬，如有再承攬時，承攬人或中間承攬人，就各該承攬部分所使用之勞工，均應與最後承攬人，連帶負本章所定雇主應負職業災害補償之責任。 事業單位或承攬人或中間承攬人，為前項之災害補償時，就其所補償之部分，得向最後承攬人求償。

7-5 勞資爭議調解完成，雇主不履行調解內容，勞工該怎麼辦？

案例

小強在「閃閃公司」工作時發生職災，公司對於職災賠償的態度意向不明，小強覺得這是公司故意找藉口，拖欠賠償，因此向勞工局申請勞資爭議調解。勞工局服務志工詢問小強要選擇由調解人獨任調解，還是組成勞資關係調解委員會調解？這下可難倒小強了，因為頭一遭申請，不知道有什麼差別？服務志工說明依據《勞資爭議處理法》第 11 條規定，勞資爭議調解有兩種制度，一種是由獨任調解人主持勞資雙方調解，自受理申請起，約計 20 日完成調解程序；另外一種是組成勞資關係調解委員會，依據《勞資爭議處理法》第 13 條規定，調解委員會的組成，委員為 3 至 5 人，地方勞政主管機關指派調解委員 1 至 3 人，勞資爭議雙方各自選任 1 位調解委員，調解，自受理申請起，約計 42-49 日完成調解程序。要採取哪一種調解方式，依據《勞資爭議處理法》第 10 條第 1 項第 3 款規定，申請調解時，申請人就要在調解申請書上選定採取哪一種調解方式。

小強心想萬一調解不成還要進行訴訟程序，還是速戰速決好了，於是選擇由調解人獨任調解方案。

勞資雙方在調解程序達成調解，「閃閃公司」同意給付損害賠償新臺幣 150000 元給小強，分二期給付，匯入小強原領薪資帳戶，並且約定每一期支付的金額與支付時間，如有一期不付視為全部到期。

不料，「閃閃公司」第一期支付後，第二期尾款就不願支付，小強再去勞工局櫃檯詢問該怎麼辦？

服務志工告訴他可以向法院聲請准予強制執行裁定，以公權力強制雇主履行義務。聽此建議之後，小強將勞資爭議調解書提交法院，聲請法院裁定准予強制執行。

解析

法院裁定准許小強聲請，主要理由如下：

1. 依據《勞資爭議處理法》第 59 條第 1 項規定，勞資爭議經調解成立或仲裁者，依其內容當事人一方負私法上給付之義務，而不履行其義務時，他方當事人得向該管法院聲請裁定強制執行並暫免繳裁判費；於聲請強制執行時，並暫免繳執行費。

2. 「閃閃公司」應依據勞資爭議調解書約定將第 2 期款支付到小強的銀行帳戶。聲請費用新臺幣 1000 元，由「閃閃公司」負擔。

參考法條

法　條	內　容
《勞資爭議處理法》 第 10 條	調解之申請，應提出調解申請書，並載明下列事項： 一、當事人姓名、性別、年齡、職業及住所或居所；如為法人、雇主團體或工會時，其名稱、代表人及事務所或營業所；有代理人者，其姓名、名稱及住居所或事務所。 二、請求調解事項。 三、依第十一條第一項選定之調解方式。

法　條	內　容
《勞資爭議處理法》 第 11 條 第 1 項	直轄市或縣（市）主管機關受理調解之申請，應依申請人之請求，以下列方式之一進行調解： 一、指派調解人。 二、組成勞資爭議調解委員會（以下簡稱調解委員會）。
《勞資爭議處理法》 第 13 條	調解委員會置委員三人或五人，由下列代表組成之，並以直轄市或縣（市）主管機關代表一人為主席： 一、直轄市、縣（市）主管機關指派一人或三人。 二、勞資爭議雙方當事人各自選定一人。
《勞資爭議處理法》 第 59 條 第 1 項	勞資爭議經調解成立或仲裁者，依其內容當事人一方負私法上給付之義務而不履行其義務時，他方當事人得向該管法院聲請裁定強制執行並暫免繳裁判費；於聲請強制執行時，並暫免繳執行費。

給雇主的話

勞雇雙方經勞資爭議調解成立之後，應切實履行給付義務，如違反調解內容，拒不履行支付義務，勞工向法院聲請准予強制執行裁定的聲請費用、聲請強制執行的執行費（執行標的價額的千分之八）都由法院向雇主命令支付給法院，衍生費用，對雇主而言，反而產生額外增加的支出。

給受僱人的話

只要是勞資雙方具有（或曾經具有）僱傭關係，且因僱傭關係產生給付工資、資遣費、退休金或職災補償等爭議，致勞資雙方任一方權益受損者，都可向勞方勞務提供地的地方主管機關書面申請調解。

國家圖書館出版品預行編目(CIP) 資料

讓法律專家說給你聽：勞動工作權益案例大剖析／　黃碧芬著. -- 初版. -- 新竹縣竹北市：
方集, 民107.10
面；公分
ISBN 978-986-471-172-7(平裝)

1.勞動基準法 2.勞動契約 3.個案研究

556.84　　　　107013399

讓法律專家說給你聽

勞動工作權益案例大剖析

著　　者：黃碧芬
發 行 人：蔡佩玲
出 版 者：方集出版社股份有限公司
地　　址：302新竹縣竹北市台元一街8號5樓之7
電　　話：(03)6567336
聯絡地址：100臺北市重慶南路二段51號5樓
聯絡電話：(02)23511607
電子郵件：service@eculture.com.tw
出版年月：2018（民107）年10月
定　　價：360元
I S B N：978-986-471-172-7

總 經 銷：易可數位行銷股份有限公司
地　　址：231新北市新店區寶橋路235巷6弄3號5樓
電　　話：(02) 8911-0825　傳　真：(02) 8911-0801

封面圖片引用出處：freepik
https://goo.gl/hY6PNc
https://goo.gl/9oB7Q6
https://goo.gl/39RNeg